W0304537

DUMONT
DIREKT

Köln

Marianne Bongartz

Inhalt

Das Beste zu Beginn

Kölsch-Kultur
Ein Besuch in der Domstadt ist nicht komplett, wenn Sie nicht ein Brauhaus von innen gesehen haben. Die meisten Touristen zieht es zum Früh am Dom. Keine Sorge, auch Kölner kehren in der Traditionsgaststätte ein. Mein Lieblingsbrauhaus ist allerdings das Päffgen (▶ S. 94) in der Friesenstraße. Sollten Sie kein Kölsch mögen, werden Sie diese Vorliebe kaum verstehen.

Köln aus der Vogelperspektive
Den großen Überblick verschafft natürlich die Aussicht vom Südturm des Doms (▶ S. 24) oder vom LVR-Turm (▶ S. 73). Sie können aber auch aufs oberste Deck des Kaufhof- oder Karstadtparkhauses steigen und ganz neue Einblicke gewinnen.

Von Ufer zu Ufer
Es gibt verschiedene Möglichkeiten, in Köln den Rhein zu queren. Sieben Brücken führen im Stadtgebiet von Ufer zu Ufer. Und zumindest während der Messezeiten pendelt eine Fähre zwischen Altstadt und Deutz. Doch die schönste Art der Flussquerung ist eine Fahrt mit der Kölner Seilbahn (▶ S. 69) vom Zoo hinüber in den Rheingarten oder umgekehrt – Fernsicht inklusive.

In die Pedale treten
Die meisten Kölner Sehenswürdigkeiten liegen in fußläufiger Entfernung von Hauptbahnhof und Dom. Wer von den üblichen Touristenrouten abweichen und die Rheinufer oder die Grüngürtel erkunden möchte, sollte aufs Rad steigen. Die Ausleihe (▶ S. 112) ist ganz simpel.

Meet & Eat
Immer donnerstags ab 16 Uhr findet auf dem Rudolfplatz ein kulinarischer Markt (www.meet-and-eat.koeln) statt, der mehr bietet als Reibekuchen, Bratwurst und Fritten. Aber auch die gibt es hier in erstklassiger Qualität. Und dazu entspannte Feierabendstimmung.

Köln vom Wasser aus

Selbst eilige Reisende sollten sich das Vergnügen einer Rheintour nicht entgehen lassen. In der Saision starten mehrmals täglich Boote am Altstadtufer zu etwa einstündigen Rundfahrten (▸ S. 112). Dabei haben Sie die Wahl, rheinab oder rheinauf zu schippern. Mich zieht es eher nach Süden.

!

Sightseeing am Montag

Es ist Montag und obendrein regnet es. Da böte sich doch ein Museumsbesuch an. Pech! Die städtischen Museen sind montags geschlossen. Aber z. B. das Kolumba ist geöffnet, Dom und Kirchen natürlich auch. Oder Sie relaxen in der Claudius Therme (▸ S. 74) mit Blick auf den Dom. Hierzu muss nicht mal die Sonne scheinen.

R(h)einhören

Während der Saison lädt jeden Donnerstag um 12.30 Uhr der PhilharmonieLunch (www.koelner-philharmonie.de/philharmonie-lunch) eine halbe Stunde lang zu kostenlosem Musikgenuss ein. Eine wunderbare Gelegenheit, die Faszination des Konzerthauses zu erleben.

R(h)einlesen

Seit 2000 hat Köln sein eigenes Literaturfestival. Aber auch außerhalb der lit.COLOGNE haben Literaturveranstaltungen – ob Lesungen oder Poetry Slam – ihren festen Platz in der Domstadt, wozu nicht zuletzt auch das Literaturhaus (http://literatur kalender-koeln.de, http://literatur haus-koeln.de) mit beiträgt.

Ich bin zwar keine waschechte Kölnerin, immerhin aber Rheinländerin und lebe seit dem Studium in der Domstadt. Auch wenn mir der Kölner Lokalpatriotismus oft zu weit geht und Köln sicherlich keine Schönheit ist, so ist es für mich doch einer der liebenswertesten Orte der Welt. Das liegt nicht zuletzt an der lässigen Lebensart der Kölner.

Fragen? Erfahrungen? Ideen?

Ich freue mich auf Post.

@ *Mein Postfach bei DuMont:*
m.bongartz@dumontreise.de

Das ist Köln

Köln-Besucher sollten mit der Bahn anreisen, nicht nur der Umwelt zuliebe und wegen der oft chaotischen Verkehrssituation. Der Zug rollt nämlich mitten ins Herz der Stadt und entlässt Reisende gleich neben dem majestätischen Dom. Bei der Fahrt über die Hohenzollernbrücke in den Hauptbahnhof können sie schon hier einen Blick auf den Rhein sowie auf Kölns berühmte Silhouette mit der Doppelturmspitze des Doms, Museum Ludwig, Ratsturm und Groß St. Martin erhaschen und im Süden die neuen Kranhäuser im Rheinauhafen erspähen. All diese Sehenswürdigkeiten sind vom Bahnhof aus bequem zu Fuß zu erreichen. Wer sich dabei ein wenig treiben lässt, wird zwangsläufig mit den kontaktfreudigen Einheimischen ins Gespräch kommen – denn Köln will erlebt werden.

›Jeder Jeck ist anders‹

Seit seinen Anfängen als römische Garnisonsstadt haben sich in Köln Menschen unterschiedlicher Herkunft niedergelassen: Beamte aus Rom, Veteranen aus Nordafrika und von der Iberischen Halbinsel, Kaufleute aus der Levante. Mit Germanen und Kelten haben sie sich zum *homo coloniensis* gemischt. Im Mittelalter zog es Händler und Pilger aus dem gesamten christlichen Abendland an den Rhein. In der Neuzeit hinterließen die französischen Besatzer ihre Spuren. 1960 schließlich trafen die ersten italienischen Gastarbeiter in Köln ein. Heute besitzt etwa ein Fünftel der Kölner Bürger keinen deutschen Pass. Über 300 000 Menschen mit Migrationshintergrund leben in der Stadt. Gerne schmückt sich Köln mit seinem multikulturellen Flair und seiner Weltoffenheit. Böse Zungen behaupten allerdings, dass die sprichwörtliche Toleranz des Kölners im Grunde ein ausgeprägtes Desinteresse an den Mitmenschen widerspiegelt.

Das rheinische Grundgesetz

Ein Grundzug der kölschen Mentalität ist ein gewisser Fatalismus, der sich im alltäglichen ›*Et es, wie et es*‹ (Es ist, wie es ist) äußert. Dabei weiß der Kölner sich in jeder Lebenslage – sei es bei der Besetzung der Stadt durch die Franzosen oder bei den Niederlagen des 1. FC Köln – mit einem ›*Et kütt, wie et kütt*‹ (Es kommt, wie es kommt) zu trösten, beweist ihm doch die wechselhafte Geschichte seiner Heimatstadt: ›*Et es noch immer jot jejange*‹ (Es ist immer gut gegangen). Damit sind bereits die drei ersten und wichtigsten Artikel des rheinischen Grundgesetzes genannt, das selbst in der Katastrophe, beispielsweise beim Einsturz des Stadtarchivs, ein lapidares ›*Wat fott es, es fott*‹ (Was weg ist, ist weg) bereithält. Übrigens fasste der Südtiroler und Wahlrheinländer Konrad Beikirchner diese Wesenszüge des Kölners in einem Kabarettprogramm und einem Buch sehr anschaulich zusammen.

Der Kölner und seine Veedel

Das *Veedel* (Viertel) vermittelt dem Kölner Heimatgefühl – hier lebt er inmitten der Großstadt in fast kleinstädtischer Geborgenheit. Man kennt den Nachbarn, plaudert am Büdchen (dem Kiosk), holt sich auf dem Wochen-

An der Aachener Straße trifft sich die hippe Szene.

markt frisches Gemüse und pilgert abends in die Stammkneipe an der Ecke. Ob gebürtiger oder ›imitierter‹ Kölner – das sind die Zugezogenen, die Imis – aus seinem angestammten Viertel zieht man nur schweren Herzens weg.

Eventstadt am Rhein

Ansteckend ist die ungebremste Lebenslust der Kölner, die alljährlich im Karneval ihren Höhepunkt erlebt. Aber auch außerhalb der Session treibt der rheinische Frohsinn seine Blüten: Ob Christopher Street Day oder Gamescom, ob Kölner Lichter oder Veedelsfest – in Köln wurde noch nie eine Gelegenheit zum Feiern ausgelassen. Großes Interesse finden insbesondere farbenfrohe Umzüge, deren spektakulärster der Rosenmontagszug ist. Im Sommer jagt ein Happening das nächste, und durchweg sind sie alle gut besucht. Auch bei den Eventmanagern ist Kön daher sehr beliebt. Die lässige Lebensart und die unbeschwerten Feste haben Köln wohl zu Recht den Beinamen ›nördlichste Stadt Italiens‹ eingetragen. Zudem bilden sie einen guten Nährboden für Kabarettisten und Comedians.

Stadt der Baustellen

In Köln wird immerzu gebaut. Das mag daran liegen, dass die Stadt bei Kriegsende zu 70 % zerstört war. Es liegt aber auch daran, dass der Wiederaufbau in den Nachkriegsjahren von Chaos, Improvisation und Vetternwirtschaft geprägt war und ein städtebauliches Gesamtkonzept weitgehend fehlte. Nicht zuletzt erschweren Bodenfunde aus Kölns reicher Geschichte eine konsequente Stadtplanung. Archäologische Überraschungen, die jedes Bauvorhaben in der Innenstadt zum Pokerspiel werden lassen, sind Grund genug, um z. B. die längst überfällige Umgestaltung des Neumarkts zu einem attraktiven Stadtplatz immer wieder zu vertagen. Und die stets leere Stadtschatulle tut ihr Übriges. Und so weht trotz der Größe stets ein Hauch von Provinz durch die Straßen der Millionenmetropole.

Köln in Zahlen

3

Heilige Könige werden im Dom verehrt. Drei närrische Regenten haben im Karneval das Sagen.

4

Domkloster – so lautet die offizielle Anschrift des Kölner Doms.

5

Jahreszeiten kennt man in Köln, wobei die fünfte ein Lebensgefühl zum Ausdruck bringt.

7

Brücken queren den Rhein im Stadtgebiet.

11

Flammen im Stadtwappen stehen für die gemarterten 11(000) Jungfrauen der hl. Ursula. Zugleich ist es die Zahl der Jecken: Am 11.11. um 11 Uhr 11 beginnt die Karnevalssession.

11,30

Meter kann der Kölner Pegel zeigen, bevor der Rhein in die Altstadt schwappt.

12

große Kirchenbauten im Stil der Romanik begründeten im Mittelater den Ruhm des ›hillije Kölle‹.

40

Kilometer fließt der Rhein durch Kölner Stadtgebiet und erreicht hier eine Breite von 520 Metern.

71

Stunden verbringen Autofahrer in Köln jedes Jahr im Stau. Nur Stuttgart überflügelte zuletzt diesen Stillstand.

118,04

Meter über dem Meeresspiegel misst Kölns höchster Punkt, der Monte Troodelöh im Königsforst, der Pegel in der Altstadt liegt bei 53 Metern.

170

Kilometer misst der Kölnpfad, auf dem Sie die Stadt in elf Etappen umwandern können.

200

Milliliter fasst ein Kölschglas, im Süden Deutschlands als Reagenzglas verpönt.

300

Tonnen Kamelle (Bonbons) prasseln beim Rosenmontagszug aufs jecke Volk nieder.

454

Zimmer hat das Maritim Hotel, so viele wie keine andere der ca. 300 Kölner Herbergen.

2000

Jahre Stadtrecht feiert Köln 2050, von den Römern gegründet wurde es bereits 19 v. Chr., wenn nicht sogar 38 v. Chr.

24 000

Kilogramm wiegt die größte Domglocke, der ›Decke Pitter‹.

29 000

mal Halven Hahn verkauft das Früh am Dom im Jahr.

30 000 000

Kubikmeter Trümmer dienten nach Kriegsende zur Modelierung der Grünflächen, so entstand u. a. der ›Monte Klamotte‹ (Herkulesberg) an der Inneren Kanalstraße.

Was ist wo?

Das Kölner Stadtgebiet erstreckt sich zu beiden Seiten des Rheins, wobei der historische Stadtkern und die Ende des 19. Jh. gebaute Neustadt die linke Flussseite halbkreisförmig umschließen. Hier liegen die Top-Sehenswürdigkeiten sowie Geschäfts- und Ausgehviertel. Doch lassen Sie Deutz nicht rechts liegen. Es hat mehr zu bieten als den Blick über den Fluss auf die prominentere Stadthälfte.

Altstadt

Die sogenannte Altstadt zwischen **Rheingarten, Dom** und **Rathaus** mit ihren urigen Brauhäusern, Kneipen und Restaurants ist das von Touristen meist besuchte Viertel Kölns. Seinen Kern bilden die romanische Kirche **Groß St. Martin** und der **Alter Markt** (🗺 E 5). Hier haben nur wenige historische Gebäude die Bombenangriffe während des Zweiten Weltkriegs überstanden. Beim Wiederaufbau wurde der mittelalterliche Charakter des Viertels mit engen, kopfsteingepflasterten Gassen und schmalen Hausfassaden rekonstruiert.

City

Der Bereich zwischen Hohe Straße und Rudolfplatz sowie zwischen Zeughaus und Cäcilienstraße stellt die Kölner City dar. Ihr Mittelpunkt ist der **Neumarkt** (🗺 D 6). **Hohe Straße, Schildergasse** und **Breite Straße** bilden die zentrale Fußgängerzone mit den großen Warenhäusern und zahlreichen Boutiquen. Tagsüber drängeln sich hier Kauflustige, mobile Händler und Straßenkünstler. Am Abend kehrt Ruhe ein, weil die meisten Cafés und Lokale zur gleichen Zeit wie die Läden schließen. Das kulturelle Kontrastprogramm zum Shoppingbummel bieten einige Museen.

Eigelsteinviertel

Der **Eigelstein,** der dem Quartier rund um die **Eigelsteintorburg** (🗺 E 3) den Namen gibt, zählte schon immer zu den lebendigsten Straßen Kölns. In der Antike war er die Verlängerung des *cardo maximus* (heutige Hohe Straße) und Teil der wichtigsten Nord-Süd-Verbindung durch das Römerlager. Heute vermischt sich hier urkölsche Lebensart mit mediterranem und orientalischem Flair.

Friesenviertel

Das einstige Milieuviertel im Westen der Innenstadt zählt wegen seiner jungen Gastronomie rund um die **Friesenstraße** (🗺 C 5) zu den angesagten Stadtteilen. Nach 1950 wurde das Quartier unter der Gerling-Versicherung saniert. 2007 gab der Konzern seine monumentale Führungszentrale am Klapperhof auf. Die denkmalgeschützten Gebäuden wurden exklusiv umgebaut und müssen sich nun mit urbanem Leben füllen.

Severinsviertel

Der dritte Bischof der Stadt namens Severin, auf kölsch *Vrings,* gab nicht nur dem Stadtteil seinen Namen. Auch die romanische **Severinskirche** (🗺 E 8) ist ihm geweiht. Und die seit römischen Tagen zentrale Achse heißt **Severinstraße.** Unter dem Bau der Nord-Süd-Stadtbahn hat sie stark gelitten, doch nach und nach gewinnt sie wieder an Attraktivität.

Neustadt

Nach dem Abriss der mittelalterlichen Stadtmauer wuchs ab 1881 auf dem Areal vor der Befestigung die Neustadt. Das **Agnesviertel** (🗺 E 2/3) im Norden, ein nahezu intaktes Gründerzeitviertel, wird durch das Gerichtsgebäude am Reichensperger Platz geprägt. Weiter südlich entstand auf dem Gelände eines ehemaligen Rangierbahnhofs der **MediaPark** (🕮 C 3/4) als innovativer Stadtteil. Das **Belgische Viertel** (🕮 B 5/6) zwischen Aachener und Venloer Straße ist mit Kneipen und Restaurants, Designläden und Modegeschäften ein *der* Treffpunkt der kreativen Szene. Das **Univiertel** (🕮 A/B 7/8), nach dem großen Pariser Vorbild *Kwartier Latäng* genannt, wird vor allem von jungen Nachtschwärmern frequentiert. Durch die **Südstadt** (🕮 C–F 9/10) mit ihrer legendären Kneipenlandschaft weht nach dem Ausbau des **Rheinauhafens** (🕮 F 6–9) zu Kölns neuer Schauseite am Fluss ein frischer Wind.

Deutz

Erst 1888 gelang es, das rechtsrheinische Deutz ins Kölner Stadtgebiet einzugliedern. Bekannt ist die viel geschmähte *schäl Sick* (schielende Seite) als Standort der **Koelnmesse** (🕮 G/H 3/4). Nun schickt sie sich an, mit **Lanxess Arena** (🕮 H 5), **LVR-Turm** (🕮 F/G 5) und **Rheinboulevard** (🕮 F 5) zum neuen Vorzeigeviertel am rechten Flussufer zu avancieren.

Keineswegs Randlagen

Seit Ende des 19. Jh. gehören auch die Viertel außerhalb der Inneren Kanalstraße zum Stadtgebiet. **Riehl** im Norden lockt mit Zoo und Botanischem Garten ins Grüne. Die ehemaligen Arbeitervororte **Nippes** und **Ehrenfeld** mutierten zu In-Vierteln mit multikulturellem Flair und einer alternativen Gastroszene. **Lindenthal** präsentiert sich mit Universität und weitläufigen Parks als Stadtteil der Akademiker und betuchteren Schichten. **Sülz** und **Klettenberg** entwickelten sich zu Beginn des 20. Jh. zu Handwerker- und Wohnvierteln, in denen es sich gut leben lässt. Im Kontrast dazu stehen **Marienburg** und **Hahnwald,** die im Kölner Süden am Rhein gelegenen Villengebiete. Einen Wandel durchlaufen derzeit die rechtsrheinischen ehemaligen Industriestandorte **Kalk** und vor allem **Mülheim,** das als Interimsspielstätte des Kölner Schauspiels von sich reden macht.

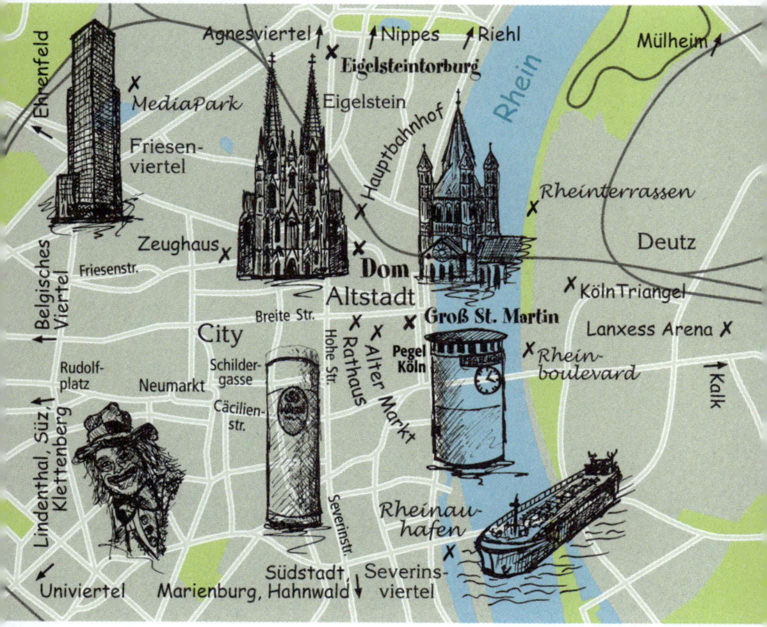

Augenblicke

Magisch – im Abendlicht

Wenn ein klarer Frühlingstag in Köln zu Ende geht, dann ist es höchste Zeit, am Deutzer Rheinufer Position zu beziehen. Die Sonne schickt letzte Strahlen durch das durchbrochene Spitzenwerk der Domtürme und zaubert Lichtreflexe auf die stählernen Bögen der Hohenzollernbrücke. Gegen den milchigblauen Abendhimmel zeichnen sich die Silhouetten von Brücke und Türmen mit jedem Moment klarer ab. Dann blitzen Lichter am Ufer auf, die Nacht bricht herein.

PEGEL

Wachsam – Kölner Pegel

Vor fast 2000 Jahren gaben sich Vater Rhein und Mutter Colonia das Ja-Wort. Der Fluss hat zum Wohlergehen der Stadt erheblich beigetragen, hat aber auch schon verheerende Schäden angerichtet. Wie es um die Beziehung des Paares steht, darüber gibt der Kölner Pegel Auskunft. Mit stoischer Gelassenheit erträgt er das Auf und Ab der Fluten, und schon manches Mal hat das dicke, zylinderförmige Häuschen nasse Füße bekommen.

Jeck drauf – im Geisterzug

Den Kölner Karneval feiern nicht nur Lappenclowns mit Pappnas, Gardeoffiziere und Tanzmariechen, auch die Geister ziehen mit Ätzebär & Co. durch die Straßen. Gemeinsam ist allen der ›Spass an d'r Freud‹. Den offziellen Karneval mit närrischen Regenten, Uniform und Umzug führten die Preußen ein, aber das anarchische Treiben macht bis heute den Reiz des Festes aus.

Ihr Köln-Kompass

#1
Kölns Markenzeichen – **der Dom**

#2
Von Dionysos zur Pop Art – **RGM und Museum Ludwig**

#3
Kölner Historchen – **im Martinsviertel**

#12
Rund um die Piazza – **der MediaPark**

#13
Grüne Vielfalt – **im Kölner Norden**

#14
Schäl Sick ist schick – **am Rheinufer in Deutz**

#15
Hol über Fährmann! – **Radtour rheinauf und rheinab**

WOMIT FANGE ICH AN?

Himmelstürmer

OHNE KUNST IST ALLES NICHTS

TÜNNES UN SCHÄL

Irgendwas mit Medien

ÜBER DEN RHEIN SCHWEBEN

MEHR ALS DER BESTE KÖLNBLICK

Erholen am Strom

#4

Immer bei der Stange bleiben – **ein Brauhaus-Bummel**

#5

Starke Bürger – **rund um das Rathaus**

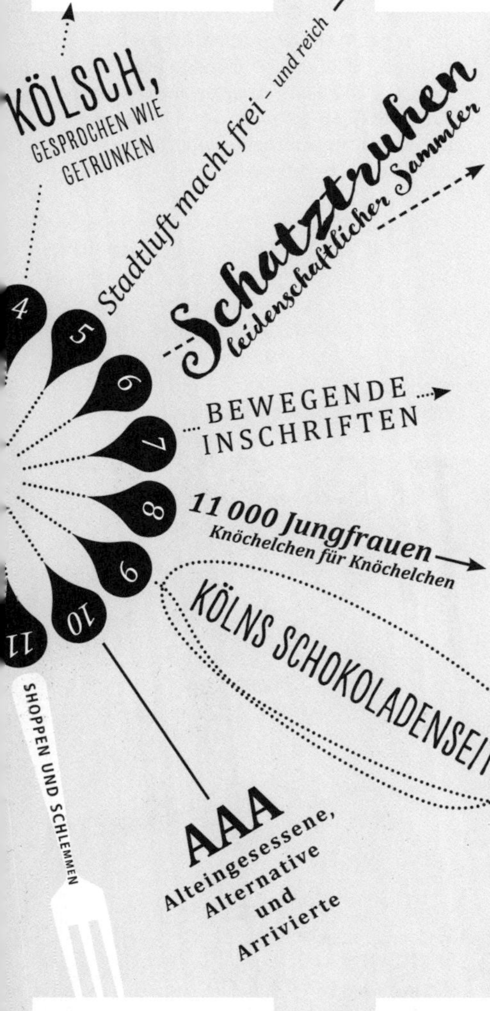

#6

Vom Rhein in die Südsee – **das Kulturquartier**

#7

Ein dunkles Köln-Kapitel – **Besuch im EL-DE-Haus**

#8

Geschätzte Stadtpatrone – **St. Gereon und St. Ursula**

#9

Flanieren am Strom – **im Rheinauhafen**

#11

Kölns kreatives Quartier – **das Belgische Viertel**

#10

Kölnkosmos – **die Südstadt**

1

Kölns Markenzeichen – der Dom

Der Kölner Dom ein Meisterwerk der Gotik? Stimmt – und ist dennoch eine Täuschung. Denn die weltbekannte Doppelturmspitze strebt erst seit 1880 in den Himmel über Köln. Dass der Dom 632 Jahre nach Grundsteinlegung in stilreiner Gotik vollendet werden konnte, dazu trugen der unermüdliche Sulpiz Boisserée, aber auch maßgeblich der Zufall bei.

Als Erzbischof Reinhold von Dassel die Gebeine der Heiligen Drei Könige in Mailand ›raubt‹ und 1164 nach Köln überführt, genügt der Alte Dom bald nicht mehr der stetig wachsenden Zahl an Pilgern. So beschließt das Domkapitel, für die heiligen Gerippe eine prächtige neue Grabeskirche zu errichten. Am 15. August 1248 legt Erzbischof Konrad von Hochstaden ihren Grundstein.

Auf der Domplatte vor dem Hauptportal der Kathedrale reißt der Strom der Passanten und Schaulustigen nie ab.

Teufelswerk

Als oberster Baumeister wird ein gewisser Gerhard verpflichtet, der bei den großen gotischen Kathedralbaustellen in Frankreich Erfahrung gesammelt hat. Er entwirft ein ambitioniertes Gebäude, dessen gewaltige Dimensionen seine französischen Vorbilder sprichwörtlich in den Schatten stellt: 144,58 m Gesamtlänge, 86,25 m Gesamtbreite des Querhauses, 61,10 m Höhe des Dachfirstes. Das ehrgeizige Projekt entfacht, so heißt es, sogar den Neid des Teufels. Er wettet um Gerhards Seele, dass er eine Wasserleitung aus den Hügeln der fernen Eifel nach Köln baue, bevor der Baumeister sein Projekt vollenden könne. Als Gerhard eines Abends ganz oben auf dem Domgerüst steht, hört er unter sich Enten in einem Bach schnattern. Die Wette ist verloren! Voller Verzweiflung stürzt sich der Baumeister in die Tiefe, ihm auf den Fersen der Teufel in Gestalt eines Höllenhundes.

Ein steinerner Wald

Aber nicht allein aufgrund seiner Maße gilt der Kölner Dom als Höhepunkt gotischer Kathedralbaukunst. Seine festen Mauern scheinen sich in den insgesamt ca. 10 000 m² großen Fensterflächen nahezu aufzulösen. Stabilität verleiht dem Bau ein kompliziertes Strebewerk. Dessen filigrane Formenvielfalt macht es jedoch unmöglich, stützende Wände und Pfeiler von freistehendem dekorativem Maßwerk zu unterscheiden. Etwa 9000 schlanke, spitze Fialen, Türmchen und Zinnen bilden an den Seiten und vor allem rund um den **Chor** 1 einen lichten steinernen Wald und verleihen dem mächtigen schwarzen Baukörper eine gewisse Leichtigkeit und Verspieltheit.

Die **Westfassade** 2 wirkt dagegen mit ihrer klaren Gliederung fast streng, obwohl die Helme der 157,38 bzw. 157,31 m aufragenden Türme ganz von Maßwerk durchbrochen sind. Mit 7000 m² Fläche ist sie die größte Kirchenfassade, die jemals erbaut wurde. Drei **Portale,** die von mannshohen Steinfiguren flankiert und von detailreich gearbeiteten Giebeln mit Tympanonen bekrönt werden, geben Zugang zur Hohen Domkirche St. Petrus, so der offizielle Name der Kathedrale. Dem Kirchenpatron ist das rechte **Petersportal** (um 1370–80), den Weisen aus dem Morgenland das linke **Dreikönigenportal** (19. Jh.) gewidmet.

Ü
ÜBRIGENS

Um ein Haar wäre der Kölner Dom ein echter Preuße geworden. Da die mittelalterlichen Baupläne verschollen waren, schwebte Karl Friedrich Schinkel vor, die Kathedrale im Stil der neuen Zeit zu vollenden. Aber wie heißt es in Köln: *»Et es noch immer jot jejange«*. So findet sich 1814 auf dem Speicher eines Darmstädter Wirtshauses der mittelalterliche **Aufriss des Nordturms.** Und zwei Jahre später treibt Boisserée in Paris zufällig die **Skizze des Südturms** auf. Die beiden Pergamentzeichnungen aus der Zeit um 1300 hängen in der Johanneskapelle des Chorumgangs – meist verborgen hinter einem grünen Vorhang.

Die Westfassade des Doms

Aus Licht gebaut

Im Innern der Kathedrale lenkt das nur 12,50 m breite, aber 120 m lange und 43 m aufragende Mittelschiff den Blick unwillkürlich in die von farbigem Licht durchflutete Höhe. Das gesamte Bauwerk scheint aus Fenstern und Bündelpfeilern zu bestehen. Das **Westfenster** der Turmfassade, es zeigt das jüngste Gericht, beeindruckt vor allem durch seine Größe. Die Glasgemälde in den Seitenschiffen – rechts die **Bayernfenster** (19. Jh.), links u. a. **Geburt-Christi-Fenster** und **Anbetungsfenster** (1507–09) – imponieren durch Brillanz und handwerkliche Perfektion. Die **Königsfenster** (um 1311) im Domchor gelten mit 850 m² Gesamtfläche als größter Glasmalereizyklus des 14. Jh. in Europa, überdies sind sie zu über 95 % original erhalten. Noch romanisch geprägt ist das **Ältere Bibelfenster** (um 1260/61). Dieses älteste Domfenster befindet sich in der Dreikönigenkapelle des Chorumgangs. Das jüngste Domfenster schuf Gerhard Richter 2007 für das **Südquerhaus** aus 11 263 Antikglasquadraten in 72 unterschiedlichen Farbtönen.

Kunststätte und Bethaus

Etwa 6,5 Mio. Menschen besuchen jährlich die Kathedrale, die 1996 ins UNESCO-Welterbe aufgenommen wurde. Früh am Morgen aber kön-

INFOS/ÖFFNUNGSZEITEN

Kölner Dom: Domkloster 4, www.koelner-dom.de, tgl. Nov.–April 6–19.30, Mai–Okt. 6–21 Uhr, So, Fei Besichtigung nur 13–16.30 Uhr, Chorumgang Mo–Fr 10–11.30, 12.30–17, Sa 10–11.30, 13–16, So 13–16 Uhr

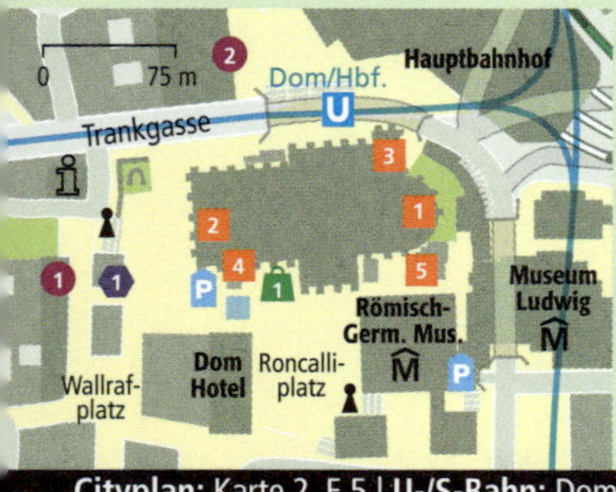

KULINARISCHES FÜR ZWISCHENDURCH

Auf der Terrasse des **Café Reichard** ❶ (Unter Fettenhennen 11, tgl. 8.30–20 Uhr) können Sie den Blick auf den Dom hinter einem großen Berg Sahne genießen. Wenn Ihnen ein guter Kaffee reicht, dann gehen Sie zu **Galestro** ❷ auf dem Bahnhofsvorplatz (Mo–Sa 7.30–21, So 10–20 Uhr).

DOM FÜR ZU HAUSE

Wer ein Souvenir im **Domkloster4** 1 (Roncalliplatz, http://domkloster4.de, Mo–Sa 10–19, So 11–19 Uhr) kauft, unterstützt die stetig notwendige Restaurierung der Kathedrale. Den Dom gibt es hier in zigfacher Ausführung.

Cityplan: Karte 2, E 5 | **U-/S-Bahn:** Dom/Hbf

Ob gläubig oder nicht, Katholik oder Atheist – im Dom zünden viele ein Kerzchen an und halten Zwiegespräch mit ihrem Gott oder dem Schicksal.

nen Sie die einzigartige Atmosphäre des Gotteshauses erleben, wenn nur einige Gläubige auf ein kurzes Gebet einkehren. Allerdings ist der Chorumgang dann nur für Teilnehmer der Frühmesse in der Marienkapelle geöffnet.

Hauptattraktion des Doms ist selbstverständlich der **Dreikönigenschrein,** dessen fein gearbeitete und mit Edelsteinen verzierte goldene Hülle im Dunkel des Hochchors schimmert. Der größte Reliquiensarkophag Europas wurde 1181 von Nikolaus von Verdun entworfen und 1225 vollendet. Dieses schönste Zeugnis der rheinisch-maasländischen Goldschmiedekunst können Sie aber nur bei speziellen Führungen aus der Nähe bewundern. Dabei entdecken Sie auch das reiche Schnitzwerk des **Chorgestühls** (1308–11), mit 104 Plätzen das größte in Deutschland, sowie die **Chorschranken** mit einem original erhaltenen Bilderzyklus (um 1322–40) der Kölner Malerschule.

Unter den vielen Kunstwerken im Dom verdienen einige besondere Beachtung, vor allem der **Clarenaltar** (1360) im nördlichen Seitenschiff, die mit Schmuck behangene **Gnadenmadonna** im Querhaus oder das **Gero-Kreuz** (ca. 976) in der Kreuzkapelle des Chorumgangs – die älteste erhaltene Großplastik des Abendlandes. Als Meisterwerk der mittelalalterlichen Kölner Tafelmalerei gilt der **Altar der Stadtpatrone** (um 1445). Er kann in der Marienkapelle betrachtet werden, ebenso wie die fein geschnitzte hochgotische **Mailänder Madonna.**

Der Anfang vom Ende

Der **Chorumgang** mit den sieben **Chorkapellen** ist der älteste Teil des Doms und seit der Grundsteinlegung 1248 unverändert erhalten. Um 1300 – auf Dombaumeister Gerhard waren inzwischen Arnold und dessen Sohn Johannes gefolgt – ist der **Chor** vollendet und eine Mauer schließt ihn

▶ INFOS

Eine Oase der Ruhe im Gewusel vor dem Dom finden Sie im **Domforum** 1 (Domkloster 3, T 0221 92 58 47 30, www.domforum.de, Mo–Fr 9.30–18, Sa 9.30–17, So 13–17 Uhr). Zugleich dient es als Infostelle der Kirche und organisiert die öffentlichen **Führungen** durch die Kathedrale (Mo–Sa 11, 12.30, 14, 15.30, So 14, 15.30 Uhr, 45 Min., 7 €, erm. 5 €) oder die Ausgrabungen (Di, Do 16.15, Sa 11 Uhr, Reservierung erforderlich, 1,5–2 Std.,12 €). Wegen Sonderführungen, z. B. über die Domdächer oder zu den Glocken, wenden Sie sich bitte an die **Dombauverwaltung** (www.dombau-koeln.de).

Am Dom nagt der Zahn Zeit. Witterung und Umwelteinflüsse zerstören nicht nur das plastische Werk, sondern fressen auch Löcher in die Quader des Strebewerks. Alle schadhaften Steine werden von der Dombauhütte 5 *nach und nach ausgewechselt – auch die über 1200 Skulpturen am Außenbau. Einige Originalfiguren präsentiert das Diözesanmuseum. 34 Archivolten- und fünf Gewändefiguren des Petersportals werden in der sogenannten Modellkammer im zweiten Obergeschoss des Nordturms aufbewahrt.*

im Westen zur Kathedralbaustelle hin ab. Am 27. September 1322 erfolgt die Weihe des Chores. Um 1350 werden die Fundamente für die Westfassade gelegt. Doch nun verzögern sich die Arbeiten immer mehr. Der **Südturm** wächst bis zum dritten Geschoss, der **Nordturm** kommt nicht einmal über die Sockelzone hinaus. Um 1560 werden die Arbeiten schließlich eingestellt. Jahrhundertelang ist der Baukran auf dem unvollendeten Südturm das Wahrzeichen der Stadt. Die französischen Revolutionstruppen entweihen 1794 die Kathedrale und nutzen sie u. a. als Lagerhaus.

Trotz des jämmerlichen Bildes, das der Dom und seine Umgebung zu Beginn des 19. Jh. bieten, keimt unter den Romantikern neue Begeisterung für die gotische Ruine auf. Besonders vehement setzt sich der junge Kölner Kunstsammler Sulpiz Boisserée für die Wiederaufnahme der Bauarbeiten ein. Er findet schließlich in Friedrich Wilhelm IV. einen mächtigen Fürsprecher. Die Vollendung des Doms wird zur nationalen Tat erklärt. 1842 legt der Preußenkönig den Grundstein zum Weiterbau, und bereits am 15. Oktober 1880 kann der Dom geweiht werden. Doch nur wenige Jahre später beginnt die unendliche Geschichte seiner Restaurierung. Sollte der Dom jemals fertig werden, so sagt man in Köln augenzwinkernd, dann geht die Welt unter.

UM DIE ECKE

Die **Domschatzkammer** 3 (tgl. 10–18 Uhr, 6 €, erm. 3 €) birgt nicht nur kostbare Kirchenkunst, sondern gibt zugleich Einblick in die unterirdischen Domgewölbe. Am Mauerwerk erkennt selbst der Laie, dass der Dom im Norden auf der alten römischen Stadtmauer fußt. Auch der Weg hinauf auf die Domspitze führt zunächst einmal in die Tiefe. Unter dem Roncalliplatz wurde durch die Fundamente des Südturms der spektakuläre Zugang zur **Dombesteigung** 4 (tgl. Mai–Sept. 9–18, März, April, Okt. 9–17, Nov.–Feb. 9–16 Uhr, 4 €, erm. 2 €) gebohrt. Eine enge steinerne Wendeltreppe schraubt sich himmelwärts. Auf halbem Weg liegt die Glockenstube. Letzte Hürde für Besucher mit Höhenangst ist eine offene Eisentreppe. Insgesamt sind es 533 Stufen! Doch die fantastische Aussicht lohnt die Anstrengung allemal.

Von Dionysos zur Pop Art – **RGM und Museum Ludwig**

#2

In Köln sind die Wege kurz. Von römischen Mosaiken zu den Bilderwelten der Moderne müssen Sie nur wenige Schritte machen. Auf dem Domhügel schlagen das Römisch-Germanische Museum (RGM) und das Museum Ludwig spielend den Bogen über die Jahrhunderte. Zudem suchen die Museumsarchitekturen auf jeweils eigene Weise einen ausgewogenen Dialog mit dem mächtigen gotischen Nachbarn.

Sobald in Köln gebaut wird, kommt Römisches zu Tage. So auch bei der Anlage des Dombunkers im Kriegsjahr 1941. Der Fund war in diesem Fall so einzigartig, dass er 1974 mit dem **Römisch-Germanischen Museum (RGM)** 1 ummantelt wurde.

Kontrastreich – der geradlinige Baukörper des Römisch-Germanischen Museums vor der vielgliedrigen Kathedrale

Dieses flachgestreckte zweigeschossige und betont schlichte Ausstellungsgebäude nach Plänen des Architektenteams Röcke und Renner akzentuiert die Horizontale und vermeidet so die Konkurrenz mit der hoch aufstrebenden, vielgliedrigen Architektur des Doms.

Schaufenster in die Römerzeit

Die große Glasfront des Römisch-Germanischen Museums erregt unmittelbar die Neugier der Passanten auf dem Roncalliplatz. Sie gibt den Blick frei auf die beiden unangefochtenen Glanzlichter des Museums: das 75 m^2 große **Dionysos-Mosaik** im Untergeschoss und das dahinter turmhoch aufragende **Poblicius-Grabmal** (etwa 40 n. Chr.). Das Fußbodenmosaik aus der zweiten Hälfte des 3. Jh., dessen 27 Motive dem Gott des Weines, der Fruchbarkeit und des Gesangs gewidmet sind, war einst Zier einer Prunkvilla, die just an dieser Stelle gestanden hat. Hier in der Nord-Ost-Ecke des antiken Kölns wohnten die gut betuchten Römer. Mehrfarbiges Granitpflaster zeichnet auf dem Roncalliplatz das schachbrettförmige römische Straßennetz sowie Grundrisse der Häuser nach.

Beeindruckend ist auch der rekonstruierte mittlere Bogen des **römischen Nordtors,** der noch die Initialen der Stadt CCAA *(Colonia Claudia Ara Agrippinensium)* erkennen lässt. Die Überreste seines östlichen Bogens, **Pfaffenpforte** genannt, stehen auf der Domplatte fast genau über der Stelle, wo die Römer sie 50 n. Chr. errichteten. Die weiteren Exponate des Museums – Steindenkmäler, Büsten, Sarkophage, Kult-, Kunst- und Alltagsobjekte – erschließen alle Aspekte römischen und germanischen Lebens im antiken Köln. Besondere Beachtung verdient die weltweit größte Sammlung römischer Prunkgläser mit dem berühmten **Diatretbecher** sowie die Sammlung von Schmuck aus der Zeit der Völkerwanderung.

A
ANNO-LOCH

In Köln vermitteln sogar Parkhäuser Einblicke in die Stadtgeschichte. So können Sie in der Tiefgarage am Dom die Fundamente des **römischen Nordtors** und der angrenzenden Stadtmauer entdecken. In einem Mauerstück klafft ein Riss, der gemeinhin als **Annoloch** bekannt ist. Als die Kölner 1074 gegen den verhassten Erzbischof Anno II. rebellierten, soll dieser just durch diese Lücke das Weite gesucht haben. Er kehrte mit Verstärkung zurück und nahm furchtbare Rache. 200 Jahre später allerdings befreiten sich die Kölner in der Schlacht von Worringen endgültig vom erzbischöflichen Joch.

»Ohne Kunst ist alles nichts«

So behauptete Kurt Hackenberg, Kölns Kulturdezernet von 1955 bis 1979, und bot Peter und Irene Ludwig an, für ihre mit Pop Art gespickte Sammlung moderner Kunst ein Ausstellungshaus im Herzen der Stadt zu errichten. Der Deal war nicht unumstritten. Warum sollte die Stadt dem

Schokoladenbaron ein Museum finanzieren? Erst als die potenziellen Stifter mit anderen Standorten liebäugelten, wurde das **Museum Ludwig** 2 (1977–86) gebaut.

Anders als ihre Kollegen einige Jahre zuvor suchten die Architekten Peter Busmann und Godfrid Haberer bewusst die Auseinandersetzung mit der Kathedrale. Die strenge Ost-West-Ausrichtung der gestaffelten Sheddächer kopiert das Achssystem des Doms, während die tief gezogene Zinkverkleidung mit vielen Falzen die Dächer des Doms imitiert. Die bleigraue Farbe der Dächer des Museums steht im Kontrast zum Ziegelrot seiner Mauern und der Platzflächen. Harmonisch fügt sich der große Komplex, in den auch die Philharmonie integriert ist, in die Rheinterrasse ein.

Innen durchläuft eine großzügige offene **Treppenanlage** das Museum. Quer dazu verlaufen die durch die Sheddächer optimal beleuchteten Ausstellungsräume. Fenster geben immer wieder den Blick frei auf den Dom, die Hohenzollernbrücke und den Rhein. Faszinierende Aussichten gewähren auch die beiden **Skulpturenterrassen** des Museums: die südliche auf die Altstadt, die westliche auf die Kathedrale.

Dank der Schenkung der Ludwigs besitzt Köln heute eine der bedeutendsten **Pop-Art-Samm-**

Das zentrale Treppenhaus dient dem Museum Ludwig als besonderer Schauraum.

▶ INFOS & LESESTOFF

In **Grabungsfieber** (KiWi, Köln 2013) erzählt Josef Gens, wie er mit Bruder und Freunden zwischen 1965 und 1967 im Keller des Elternhauses archäologische Grabungen unternimmt. Natürlich war das verboten! Unter abenteuerlichen Bedingungen birgt das Team 70 monumentale antike Quader – teils mit Inschriften und Reliefs. Die Gens wohnten am Chlodwigplatz in der Südstadt an der einstigen römischen Heerstraße nach Bonn. Hier, rund 1,5 km vor dem Südtor des Oppidum Ubiorum, errichteten wohlhabende Römer ihre Grabstätten, so auch ein gewisser Lucius Poblicius.

INFOS/ÖFFNUNGSZEITEN

Römisch-Germanisches Museum
1: Roncalliplatz 4, T 0221 22 12 44 38, www.museenkoeln.de/roemisch-germanisches-museum, Di–So 10–17, 1. Do im Monat 10–22 Uhr, Eintritt 9 €, erm. 5 €
Museum Ludwig 2: Bischofsgartenstr. 1, T 0221 221 261 65, www.museum-ludwig.de, Di–So 10–18, 1. Do im Monat 10–22 Uhr, Eintritt 11 €, erm. 7,50 €

KULINARISCHES FÜR ZWISCHENDURCH

Das **Ludwig im Museum** 1 (T 0221 16 87 51 39, www.ludwig-im-museum.de, tgl. 10–24 Uhr, HG ab 14 €) ist nicht nur nach dem Kunsterlebnis eine Pause wert. Die Panoramafenster des Café-Restaurants öffnen den Blick auf die Bögen der Hohenzollernbrücke, den Fluss und das rechtsrheinische Köln. Bei schönem Wetter laden Außenplätze zum Verweilen am Rande des Heinrich-Böll-Platzes ein.

LICHTBILDER

Den Vortragsraum des Museums Ludwig bespielt das **Filmforum NRW** 2 (www.filmforumnrw.de) mit thematischen Programmreihen und Erstaufführungen. Dazu gibt es Filmfestivals und Filmbiennalen sowie Vorträge zur Filmkultur und den audiovisuellen Medien.

SOUVENIRS

Im Foyer des **Römisch-Germanischen Museums** werden u. a. kleine Terrakottafiguren nach antikem Vorbild sowie Nachbildungen römischer Gläser verkauft. Eine große Auswahl an Kunstbüchern, Kunstpostkarten und kleinen Designartikeln bietet die **Buchhandlung Walther König** im **Museum Ludwig.**

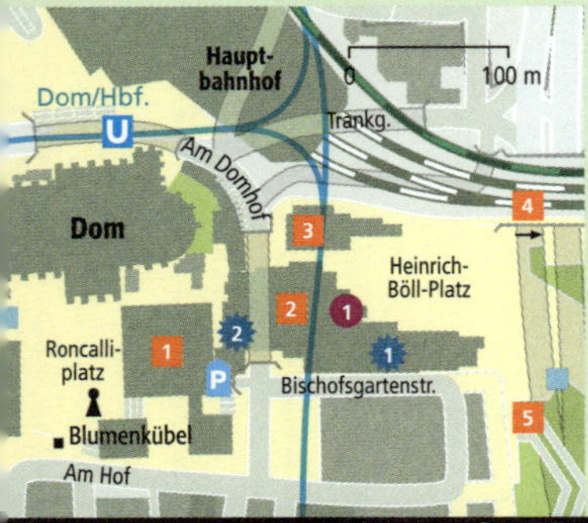

Cityplan: Karte 2, E 5 | **U-/S-Bahn:** Dom/Hbf

lungen außerhalb der USA. Zu sehen sind u. a. Werke von Johns, Rauschenberg, Lichtenstein, Warhol und Oldenburg. Später überließen Peter und Irene Ludwig dem Kölner Haus auch Werke der **Russischen Avantgarde** (1905–35) sowie über 800 Objekte von **Picasso** – die umfangreichste Werkschau des Künstlers außerhalb von Paris und Barcelona. Zur reichen Ausstattung des Museums Ludwig trug aber auch die **Sammlung von Josef Haubrich** (1889–1961) mit Bildern der Klassischen Moderne und des Expressionismus, beispielsweise von Kirchner, Beckmann, Dix und Chagall, bei. Beachtung verdient auch die einzigartige **Sammlung Fotografie,** deren Grundstock das Ehepaar L. Fritz und Renate Gruber legte.

Zu meinen Favoriten im Museum Ludwig zählt »Die Jungfrau züchtigt das Jesuskind vor drei

Zeugen« (1926) des Brühler Dadaisten Max Ernst. Wenn Sie wissen wollen, ob auch Ihr Lieblingsgemälde tatsächlich hängt, können Sie das Museum kontaktieren. Denn nur etwa ein Drittel der ständigen Sammlung kann gezeigt werden.

Begehbare Kunst

Zum Museum Ludwig gehört der **Heinrich-Böll-Platz,** den der israelische Bildhauer Dani Karavan als großflächiges Environment gestaltete. Er bildet zugleich das Dach der **Philharmonie** 1, deren Orchestra exakt unter dem weiß-grauen Kreiselement liegt. In der engen Passage zwischen Museum und **Museumswerkstatt** 3 verlegte Karavan eine Eisenbahnschiene, die zwischen dem Domchor und der stufenförmigen Granitskulptur »Ma'alot« vermittelt. Karavan plante den Platz als Begegnungsstätte, doch mangels eines ausreichenden Schallschutzes muss er immer dann gesperrt werden, wenn im darunter liegenden Konzertsaal musiziert wird. Ein Schildbürgerstreich oder Ausdruck des typisch kölschen Laissez-Faire?

Vom Heinrich-Böll-Platz aus erreichen Sie den südlichen Fußgängersteg der **Hohenzollernbrücke** 4, der direkteste Zugang zur andere Rheinseite. Oder Sie spazieren über eine breite Freitreppe mit Rampe – ebenfalls in roten Ziegelsteinen – hinab in den **Rheingarten** und zur **Brunnenlandschaft** 5 des schottischen Künstlers Eduardo Paolozzi. Dass der flache Wasserlauf mit Steinblöcken der im Krieg zerstörten alten Hohenzollernbrücke gestaltet wurde, ist für die Kinder – und auch die Erwachsenen –, die hier bei heißem Wetter Abkühlung suchen, eher zweitrangig.

Ein Schloss am Rhein! In Köln ist es für ein paar Euros zu haben – zumindest ein kleines eisernes Vorhängeschloss. Am südlichen Fußgängersteg der Hohenzollernbrücke reiht sich Schloss an Schloss und bei Sonnenschein blitzt es tausendfach auf. Paare bringen die Schlösser als Zeichen ihrer Liebe an und versenken den Schlüssel im Fluss. Wie lange noch wird die Bahn die inzwischen tonnenschwere Last der Liebe dulden?

UM DIE ECKE

In die Rheinterrasse eingebettet ist die **Philharmonie** 1 (Bischofsgartenstr. 1, T 0221 20 40 80, www.koelner-philharmonie.de, Tickets online oder bei KölnMusik Ticket), die mit 2000 Plätzen einem antiken Theater nachempfunden ist. Räumliche Harmonie und brillante Akustik machen die Philharmonie zum Konzertsaal der Superlative. Hier sind mit dem WDR Sinfonieorchester Köln und dem Gürzenich-Orchester zwei Ensembles von Weltrang beheimatet. Zudem treten regelmäßig Weltstars in der Orchestra unter der tortenförmigen Lichtkrone auf.

#3

Kölner Histörchen – **im Martinsviertel**

Die Kölner nennen das Viertel um Groß St. Martin zwar ›Altstadt‹, doch wirklich alt ist hier fast gar nichts. Bei Kriegsende ragte die Ruine der romanischen Kirche wie ein hohler Zahn aus dem Trümmerfeld hervor, das Martinsviertel war zu 95 % zerstört. Der Wiederaufbau knüpfte an historische Vorgaben an, vor allem aber halten Denkmäler und Straßennamen die Erinnerung an das alte Köln wach.

Das Martinsviertel liegt auf einer ehemaligen Rheininsel, die in der Antike dem römischen Hafen Schutz bot. Erst im 10. Jh. wurde der längst versandete Rheinarm zugeschüttet und so der **Alter Markt** geschaffen. Zusammen mit dem südlich anschließenden Heumarkt bildete er die wichtigste Marktfläche im mittelalterlichen Köln. Bei Sonnenschein verwandelt sich der autofreie Platz, über den der Ratsturm wacht, in einen großen

Ob es Tünnes gefällt oder nicht: diese Nase muss man einfach streicheln.

Biergarten. Ein nennenswerter Markt findet hier heutzutage nur noch in der Weihnachtszeit statt. Eine um so größere Rolle spielt der Alter Markt im Karneval. Alljährlich am 11. im 11. um 11 Uhr 11 wird hier die Session eröffnet, und an Weiberfastnacht tritt hier die Oberbürgermeisterin das Stadtregiment für fünf tolle Tage an die Jecken ab. Der Platz ist bei beiden Events proppenvoll, obwohl inzwischen der Heumarkt mit in das Geschehen einbezogen und der Zutritt reglementiert wird. Aber weder Enge noch Wetter können die Begeisterung der Narren bremsen.

Wer nicht wagt, der nicht gewinnt

Eingang in den Karneval hat auch **Jan von Werth** 1 gefunden. Ein Karnevalskorps trägt mit Stolz den Namen des Reitergenerals und auch seine schmucke Uniform. Die Geschichte von Jan und seiner Griet erzählt der Brunnen auf dem Alter Markt. Als die schöne, aber hochnäsige Griet den armen Bauernknecht Jan abblitzen lässt, verdingt sich dieser bei den Soldaten, kämpft im Dreißigjährigen Krieg mal für diesen, mal für jenen Herren und bringt es dabei zu Ansehen. Als er reich und berühmt nach Köln zurückkehrt, erkennt er in einer verhärmten Apfelverkäuferin am Stadttor die einst Angebetete wieder. Ein spätes Happy End steht außer Frage. Es geht halt auch in Köln nicht immer alles gut aus.

Dass man beizeiten zugreifen sollte, daran erinnert der **Platzjabbeck** 2**.** Die finster blickende, bärtige Holzmaske am **Ratsturm,** die jeweils zur vollen Stunde das Maul (Frz. *bec*) aufreißt (Kölsch *jappe*) und die Zunge herausstreckt, spielt auf die Reichsteilung unter Karl dem Großen an. Soll der Kaiser dabei doch die beiden Söhne bedacht haben, die mit geschlossenen Augen ohne zu zaudern in den Apfel bissen, den er ihnen hinhielt. Der ängstliche Erstgeborene ging dagegen leer aus. Auch die Kölner Zünfte und Gaffeln haben zur rechten Zeit das Maul aufgemacht und mit dem Verbundbrief 1396 den Patriziern die Alleinherrschaft über die Stadt entrissen. Symbol ihres Triumphes ist der Ratsturm mit der 1445 angebrachten Maske.

In Ruhe können Sie das Geschehen auf dem Alter Markt von den Terrassenplätzen vor dem Haus Zur Brezel und Zum Dorn (1580), dem **Brauhaus Zum Prinzen** 1**,** überblicken. Sein schöner Zwillingsgie-

Dass der kölsche Humor eher derb ist, zeigt der Kallendresser 3*. Unter der Regenrinne (Kölsch: Kalle) des Hauses Em Hanen (Alter Markt 24) entblößt das freche Kerlchen ungeniert sein Hinterteil. ›Dresser‹ bedarf bei diesem Anblick vermutlich keiner Übersetzung. Angeblich soll die Figur die Haltung der Kölner gegenüber der Obrigkeit – ob weltliche im Rathaus oder geistliche im nahen Groß St. Martin – zum Ausdruck bringen. Oder erinnert sie daran, dass früher die Nachttöpfe einfach in die Straße entleert wurden?*

bel weist es als das einzige historische Gebäude am Alter Markt aus. Seinen aktuellen Namen verdankt es übrigens ›Prinz Poldi‹. Kennen Sie nicht? Aber Lukas Podolski haben Sie schon gehört? Wenn Fußball und Kölsch nicht Ihr Ding sind, lassen Sie sich im **Marco Polo** 2 zu Eis und Espresso verführen.

Groß St. Martin

Kölsche Typen

Eine Passage führt zum Kirchplatz vor Groß St. Martin, wo die zwei urkölner Originale **Tünnes und Schäl** 4 Ihren Besuch erwarten. Der kleine, gedrungene *Tünnes* (Anton) mit der dicken Knollennase und dem Arbeitskittel muss sich in zahlreichen Anekdoten als Bauerntölpel die pseudo-klugen Sprüche des gewieften langen *Schäl* (von schielen) gefallen lassen, der im feinen Zwirn den Stadtmenschen herauskehrt. Die Nasen der beiden sind blank poliert von Millionen Berührungen. Ob das Glück bringt? Probieren Sie es aus!

Einmal umdrehen und Sie stehen vor der ca. 4 m hohen **Schmitz-Säule** 5. Sie wurde, so eine der Inschriften, aus echt römischen Steinen errichtet und zwar 1969 im Jahr der ersten Mondlandung. Eine andere Inschrift besagt, dass just hier auf der ehemaligen Rheininsel bei einem Tête-à-Tête zwischen Römern und Ubiermäd-

INFOS/ÖFFNUNGSZEITEN

Groß St-Martin 6: Di–Sa 9.30–19.30, So 13–19.15 Uhr

KULINARISCHES FÜR ZWISCHENDURCH

Zum Prinzen 1: Alter Markt 20–22, T 0221 96 02 22 20, www.zum-prinzen.com, Mo–Do 12–24, Fr, Sa 12–1, So 12–23 Uhr, HG ab 9 €

Marco Polo 2: Alter Markt 44, tgl. ab 10 Uhr, Eiskugel 1,20 €

Am Fischmarkt hält **Die Ex-Vertretung** 3 (Frankenwerft 31–33, T 0221 66 99 02 21, www.ex-vertretung.de, So–Do 11–24, Fr, Sa 11–1 Uhr, HG ab 10 €) mit vielen Fotografien die Erinnerung an das Bonner Polittheater in den Nachkriegsjahren wach. Sie stärkt aber auch mit respektabler kölscher Brauhausküche. Rheinblick muss nicht sein und Lokalkolorit hatten Sie bereits reichlich? Dann empfiehlt sich das **Beirut** 4 (Buttermarkt 3, T 0221 258 15 39, www.beirut-restaurant.de, tgl. 12–24 Uhr) mit Köstlichkeiten aus dem Libanon. Auf den ersten Blick ein Imbiss, hat es doch einen geräumigen Gastraum.

Cityplan: Karte 2, E 5/6 | **U-Bahn:** Rathaus

chen die ›Kölner Dynastie Schmitz‹ ihren Anfang nahm. Eine schöne Geschichte mit zumindest einem Funken Wahrheit. Beweise römischer Präsenz finden sich nämlich in den Gewölben unter der romanischen Kirche **Groß St. Martin** 6 (► S. 82). Bei den antiken Fundamenten könnte es sich um einen Sportplatz mit Schwimmbecken handeln. Ebenso gut mag hier ein Lagerhaus mit einem Fischbassin gestanden haben.

Über die Lintgasse hinweg und durch eine Passage hindurch liegt verborgen ein Plätzchen, das **Willi Ostermann** 7 gewidmt ist. Im Brunnendenkmal sind Typen aus seinen Evergreens zu erkennen, etwa *Schmitze Billa, Et Stina* oder die *Kölsche Mädcher, die bütze künne* (küssen können).

Heringsstadt am Rhein

Mit dem Handel von Fisch, und zwar nicht nur mit Süßwasserware aus dem Rhein, sondern auch mit Hering und anderen Seefischen, hat sich Köln im Mittelalter einen Namen gemacht. Der aus Holland über den Fluss herantransportierte Fisch wurde in Köln geprüft, aufbereitet und mit einem Gütesiegel versehen, bevor er weiterverkauft wurde. Das ursprünglich spätgotische **Fischstapelhaus** 8 mit dem seitlichen Treppenturm blieb als letztes Beispiel der Lager- und Kaufhallen am Rheinufer erhalten. An die Marktfrauen, die vor den Hallen die verderbliche Ware feilboten, erinnert der **Fischweiberbrunnen** 9.

Die bunten Fassaden der Giebelhäuser und der dahinter aufragende mächtige Vierungsturm von Groß St. Martin mit dem eindrucksvollen Kleeblattchor machen den **Fischmarkt** zu einem attraktiven Platz für die Außengastronomie. Ebenso gut können Sie sich auf den Bänken oder den Rasenflächen niederlassen, um das Hin und Her vor den Schiffsanlegestellen zu beobachten. Bis zu einem Wasserstand von 11,30 m – und der droht laut Statistik nur alle 100 Jahre – bleiben die Füße dabei dank mobiler Hochwasserschutzwände trocken. Hochwassermarken an den Häusern lassen erahnen, welches Unglück der Fluss über die Stadt bringen kann. Die aktuelle Höhe des Rheins verrät der **Pegel** 10: Der breite Zeiger zeigt die Meter, der schmale lange die Dezimeter. Stehen beide Zeiger auf Null, beträgt die Wasserhöhe in der Fahrrinne noch etwa 1 m.

STAPEL

Hansestadt Köln? Tatsächlich war Köln kurzfristig einflussreiches Mitglied des Seestädtebundes. Sein **Handelsimperium** reichte von Italien bis Skandinavien, vom Ostseeraum bis England. Die Kölner profitierten nicht nur vom Rhein als wichtigem Transportweg. Sie überredeten 1259 zudem den Erzbischof, ein Handelsdekret zu ihren Gunsten zu erlassen. Das sogenannte **Stapelrecht** verfügte, dass alle auf dem Fluss transportierten Waren in Köln umzuladen und drei Tage zu lagern seien. Zudem räumte es Kölner Kaufleuten das Vorkaufsrecht ein.

Der Pegel

#4

Immer bei der Stange bleiben – **ein Brauhaus-Bummel**

Sie wollen kölsche Tradition erleben? Dann hinein ins Brauhaus! Dort wird Kölsch nicht nur gesprochen, sondern auch getrunken. Serviert wird das obergärige Bier vom blau geschürzten ›Köbes‹, der selbst dann so gerufen wird, wenn er nicht Jakob heißt. Doch Rufen erübrigt sich meist. Der Köbes ist stets mit einem Kranz voll frisch gezapfter Kölschstangen in der Nähe und versorgt Sie – auch ungefragt – mit Nachschub.

Dass Kölsch drin ist, wo beispielsweise Früh, Gaffel oder Päffgen draufsteht, darauf achtet die Kölsch-Konvention von 1985. Sie erlaubt die Produktion des Gerstensafts nur in einigen traditionellen Brauereien in und um Köln, selbstverständlich unter Einhalt des Deutschen Reinheitsgebots

In der Salzgasse bewahrt das Sünner im Walfisch kölsche Brauhaustradition.

von 1516. Die Europäische Union hat Kölsch als erstes deutsches Bier in die Liste regionaler Spezialitäten aufgenommen. Dennoch schwört jeder Brauer auf seine ureigene Rezeptur. Dass Kölsch nicht gleich Kölsch schmeckt, lässt sich in den Brauhäusern und Gaststätten rund um den Heumarkt studieren. Wie gut, dass die Kölschstange nur 0,2 l fasst!

Platzhirsch am Heumarkt

Ältestes Gebäude am Heumarkt ist das **Haus Zims** **1** (1568). Es lässt die einstige Pracht des Platzes erahnen, der im Barock mit dem Markusplatz in Venedig konkurrieren konnte. Bereits Anfang des 20. Jh. wurde die Geschlossenheit des Karrees durch die Auffahrt zur Deutzer Brücke zerstört, während die historische Bebauung in den Bombenangriffen des Zweiten Weltkriegs unterging.

Das Zims wurde unter der Regie der Gilden-Brauerei von Grund auf modernisiert und dem Geschmack eines jüngeren Publikums angepasst. Dennoch besitzt es die typische unkomplizierte Brauhausatmosphäre. An den blank gescheuerten Holztischen entspinnt sich spätestens nach dem zweiten Kölsch eine muntere Unterhaltung. Die Küche reicht deftige Happen und gutbürgerliche Speisen von der kölschen *Foderkaat* (Speisekarte). Die Wände des Zims sind dezent geschmückt mit Porträts ›Kölner Helden‹, bei denen es sich um Größen aus der Stadtgeschichte handelt. Von der Historie des Hauses zeugen die Backsteinmauern im stimmungsvollen Gewölbekeller.

Wann und ob in der **Brauerei Pfaffen** **2** mit der auffälligen orange-roten Barockfassade schräg gegenüber wieder Bier gezapft wird, stand bei Drucklegung nicht fest. Man mag es an einem Freitag- oder Samstagabend in der Altstadt zwar nicht glauben, aber der Kölschkonsum ist rückläufig und mancher Ausschank muss schließen. Die Anzahl der Kölsch-Brauereien ist auf elf geschrumpft, die der Kölsch-Marken auf 16.

Salz macht durstig

Einige Meter weiter fließt im **Bierhaus en d'r Salzgass** **3** Päffgen-Kölsch aus dem Zapfhahn. Hinter einer modern-sachlichen Fassade mit raumhohen Fenstern verbirgt sich ein durchaus uriger Schankraum mit umlaufender Empore. Von den

▶ INFOS & LESESTOFF

Auf dem **Kölner Brauhaus Wanderweg** (T 0221 20 19 10 76, Gruppen bis 20 Personen ca. 179 €) werden Sie in etwa drei Stunden zum gewieften Kölsch-Kenner. Die theoretischen Vorkenntnisse liefen im Web www.koelner-wanderweg.de und http://koelner-brauerei-verband.de.

Kölsche Buchhaltung: Pro Bier ein Strich. Der fünfte Strich wird quer gezogen zum sogenannten ›Jadepötzje‹ (Gartentörchen). So behalten Gast und Köbes den Überblick. Wer großen Durst hat oder in geselliger Runde bechert, kann den Deckel leicht ›rund‹ trinken.

INFOS/ÖFFNUNGSZEITEN

Gilden im Zims ❶: Heumarkt 77, T 0221 16 86 61 10, www.haus-zims.de, Mo–Do 12–1, Fr 12–3, Sa 11–3, So 11–23 Uhr

Brauerei Pfaffen ❷: Bei Drucklegung geschlossen

Bierhaus en d'r Salzgass ❸: Salzgasse 5–7, T 221 800 19 00, www.bierhaus-salzgass.de, Mo–Fr ab 12, Sa, So ab 11 Uhr

Brauhaus Sünner im Walfisch ❹: Salzgasse 13, T 0221 257 78 79, www.walfisch.net, Mo–Do ab 17, Fr–So ab 12 Uhr

Brauhaus zur Malzmühle ❺: Heumarkt 6, T 0221 92 16 06 13, www.muehlenkoelsch.de; **Brauhaus** Mo–Do 11.30–24, Fr, Sa 11.30–1, So 11.30–23 Uhr; **HöhnerStall** Mo–Do 17–23, Fr 17–1, Sa 12–1, So 11–23 Uhr; **MühlenBar** Di–Do 18–24, Fr, Sa ab 18 Uhr

Speisen und Getränke: HG ab 10 €, 0,2 l Kölsch ab 1,70 €

Cityplan: Karte 2, E 6 | **U-Bahn:** Rathaus oder Heumarkt

Stehtischen vor der großen Theke können Sie den *Zappes* bei seiner Arbeit beobachten, wie er geschickt die mit Kölschstangen gespickten Kränze am Fass füllt.

In der **Salzgasse** wurde, Sie ahnen es, mit Salz gehandelt, das zur Konservierung des Kölner Herings nötig war. Und Salz macht bekanntlich durstig. Ob es daher so viele Gaststätten in der Gasse gibt? Sie ist jedenfalls einer der Hotspots in der Altstadt und wird leider auch regelmäßig von Männer- respektive Frauengruppen auf Junggesellenabschied heimgesucht.

Auf der Fassade des **Brauhaus Sünner im Walfisch ❹** ist die Zahl 1626 in großen Ziffern zu lesen. Das Renaissancehaus mit typischem Stufengiebel steht aber gerade einmal 80 Jahre an der Ecke Salzgasse/Auf dem Rothenberg. Bei der Altstadtentkernung in den 1930er-Jahren wurde es Stein für Stein abgetragen und anschließend neu aufgebaut. Im ›Bauch‹ des Walfischs ist es eng und urgemütlich.

F
FRATZE

Hoch über dem Eingang des Brauhauses Sünner im Walfisch starrt eine Fratze hinab auf die Passanten. Der sogenannte **Grienkopp** *(grienen* = grinsen, *Kopp* = Kopf) diente als Halterung der Kranbalken zur Beförderung von Lasten und ist an weiteren Häusern der Altstadt zu finden.

Edelkölsch aus der Champagnerflöte

Zum Abschluss der Kölschtour geht es zum ursprünglichsten Brauhaus in der Altstadt, das et-

Der Köbes ist immer mit einem Kranz voller frisch gezapfter Kölschstangen in der Nähe.

was abgeschieden auf der kleineren Südseite des Heumarkts liegt. In der **Malzmühle** 5 wird seit 1858 Bier gebraut. Ihren Namen verdankt die Familienbrauerei der ehemaligen Mühle, die das Malz für die Kölner Brauer schrotete. Im **Brauhaus** kontrolliert der Wirt respektive die Wirtin noch vom *Thekenschaaf* aus, dem sogenannten Beichtstuhl, den Ausschank. Hier gibt es auch die beliebten *Pittermännchen,* kleine 10-l-Fässer für die Feier zu Hause. In der Malzmühle treffen Sie sicherlich auf einen Köbes kölschen Schlags, der die Gäste mit flotten, mitunter frechen Sprüchen im Dialekt unterhält. Das kommt vor allem beim einheimischen, oft nicht mehr ganz taufrischen Publikum gut an.

Für die jüngere Generation eröffnete das Traditionsbrauhaus 2014 gleich nebenan den modern gestalteten Gastronomie- und Eventsaal **Höhner Stall,** der mit Wanddeko und allerlei Devotionalien der kölschen Kultband Die Höhner huldigt. In der stylishen **MühlenBar** im Erdgeschoss stehen neben der Hausmarke auch Longdrinks oder Cocktails – mit und ohne Mühlen Kölsch – sowie vom Bier-Sommelier ausgesuchtes Craft Beer auf der Karte. Spezialität ist der auf Champagnerhefe eingebraute Von Mühlen – zu edel, um ihn aus der einfachen Kölschstange zu trinken.

UM DIE ECKE

Eine Kostprobe kölschen Dialekts und kölschen Humors gibt es im **Hänneschen-Theater** 1 (Eisenmarkt 2–4, T 0221 258 12 01, www.haenneschen.de, Theaterkasse Mi–So 10–14 Uhr). Die Vorstellungen der Knollendorfer Sippschaft sind leider oft ausverkauft. Restkarten erhalten Interessierte am ehesten für die Kindervorstellungen der Stockpuppen am Nachmittag.

Dass die Germanen einem gar schauerlichen Gebräu aus Gerste oder Weizen zusprechen, davon berichtet der römische Historiker Tacitus. Im Laufe der Jahrhunderte wurden Geschmack und Haltbarkeit des Getreidesaftes aber entscheidend verbessert. Im Mittelalter entwickelte er sich neben dem teureren, oft sauren Wein zum bevorzugten Getränk der Kölner. Nicht ohne Grund! Das Kölner Trinkwasser war damals dermaßen schlecht, dass Bier als Ersatz herhalten musste. Allerdings besaß das Getränk einen viel geringeren Alkoholgehalt als heute.

5

Starke Bürger – **rund um das Rathaus**

Anderswo überließ man den Pfaffen und dem Adel das Regieren. Nicht so in Köln! Hier drängte die städtische Oberschicht früh an die Macht. Bereits um 1135 ist ein Haus der Bürger als erstes Rathaus im deutschen Reich beurkundet. Sichtbare Zeichen bürgerlichen Erfolgs sind die Rathausbauten. Vom Wohlstand der Kölner im Mittelalter erzählen auch die Gemälde im Wallraf-Richartz-Museum.

Gut gebrüllt Löwe! Die Zünfte und Gaffeln bewiesen Mut und entrissen den Patriziern die Alleinherrschaft in Köln. Den Ratsturm ließen sie als stolzes Symbol bürgerlicher Freiheit errichten.

Die Geschichte des Rathauses reicht zurück bis in die Gründungstage Kölns. Denn noch bevor Kaiser Claudius im Jahr 50 die Siedlung am Altar der Ubier zu einer Kolonie nach römischem Recht erhebt – dies besagt der Name *Colonia Claudia Ara Agrippinensium (CCAA)* –, entsteht eine städtische Verwaltung. Sie hat ihr Domizil an der Ostseite der Kolonie, damals unmittelbar am Rheinufer. Einige

Jahrzente später (um 90) residiert dort der Statthalter der neuen Provinz Niedergermanien. Auf den Ruinen seines Palastes, der die römische Ära bis ins 8. Jh. überdauert, entsteht um 1135 ein Haus der Bürger. Aber lassen Sie sich von diesem Ausdruck nicht in die Irre führen: Das Sagen haben nur wohlhabende Kölner aus den ›edlen‹ Geschlechtern, die sogenannte Richerzeche.

Kurze Zeitreise durch die Stadtgeschichte

Treppab bzw. mit dem Fahrstuhl in die Römerzeit geht es im Spanischen Rathausbau. Hier kamen beim Wiederaufbau (1953–55) die Ruinen des **Praetoriums** 1, des römischen Statthalterpalastes, ans Tageslicht und wurden unter einer weit gespannten Betondecke begehbar gemacht. Der Archäologe kann anhand der Fundamente vier Bauphasen in den ersten vier nachchristlichen Jahrhunderten ausmachen. Skizzen sowie ein Modell des jüngsten Palastes helfen dem Laien, im Gewirr der Mauerreste den Überblick zu bewahren. Vom Vorraum der Ausgrabung aus, in dem ein Modell des römischen Kölns sowie Steindenkmäler zu sehen sind, ist auf ca. 100 m Länge ein antiker Abwasserkanal begehbar.

In der **Archäologischen Zone** 2 vor dem Rathaus wurde von 2007 bis 2016 die mittelalterliche Historie des Bezirks intensiv erforscht. Die hier verwurzelte jüdische Gemeinde zählte zu den größten in Europa und umfasste in ihrer Blütezeit an die 1000 Mitglieder. Nach deren Ausweisung 1424 erstarb das jüdische Leben in Köln jedoch für mehr als dreieinhalb Jahrhunderte. Mauerreste zeugen von einer Synagoge, die mutmaßlich im 11. Jh. entstand und die älteste nördlich der Alpen sein könnte, sowie von Frauensynagoge, Hospital, Bäckerei, Warmbad und Mikwe. Ein neues Museum wird die Grabungen zukünftig umhüllen und die Geschichte jüdischen Lebens in Köln dokumentieren.

Hochhaus des Mittelalters

Während des Pogroms gegen die Juden 1349 wurde auch das benachbarte **Rathaus** 3 in Mitleidenschaft gezogen. Beim Wiederaufbau entstand ein zweigeschossiger **Saalbau** in gotischem Stil, der im Obergeschoss den langgestreckten **Hansasaal** (1360) birgt. Mitte des 16. Jh. wurde

W
WASSER

Ab dem 1. Jh. bauten die Römer nicht nur **Leitungen für Frischwasser** aus Vorgebirge und Eifel nach Köln, sondern legten auch eine unterirdische **Kanalisation** an. Ein Komfort, den es in den folgenden Jahrhunderten nicht mehr gab. Heute werden übrigens viele Kölner Haushalte mit Uferfiltrat aus dem Rhein versorgt: »Dat Wasser vun Kölle es jot!«. Ganz sicher!

▶ INFOS

Im Ratsturm erklingt viermal täglich ein **Glockenspiel**. Morgens um 9 Uhr spielt die städtische Jukebox den Titel »Die Gedanken sind frei«. Im Laufe des Tages sind kölsche Evergreens sowie Melodien der Kölner Komponisten Karlheinz Stockhausen und Jacques Offenbach zu hören (Programmaushang am Spanischen Bau).

B
BOOR

Warum die Kölner im Mittelalter ausgerechnet einen Bauern als Sinnbild für die Stärke und Wehrhaftigkeit ihrer Stadt wählten, dafür haben selbst die Historiker keine eindeutige Erklärung. In der glasüberdachten luftigen Piazetta des Rathauses können Sie ihn bewundern, den stolzen ›**Kölschen Boor**‹, ausgestattet mit Dreschflegel und Sense, Stadtschlüsseln und Reichswappen. Noch heute verkörpert der Bauer im Kölner Dreigestirn den Beschützer der Stadt.

Von meisterhafter Pinselführung zeugen die mittelalterlichen Tafelbilder im Wallraf-Richartz-Museum.

vor den Saalbau die repräsentative **Rathauslaube** gesetzt, von deren Balkon aus der Rat seine Beschlüsse verkündete. Ihre reichen Renaissanceformen, die bewusst an die römische Vergangenheit anknüpfen, waren Ausdruck des Bürgerstolzes.

Diesen demonstriert aber vor allem der **Ratsturm** 4 (1407–14). Er ist das weithin sichtbare Symbol des Sieges der Zünfte und Gaffeln über die Patrizier. 124 Skulpturen aus der Stadtgeschichte schmücken die Fassaden des 61 m hohen Turms, der über 500 Jahre lang den unvollendeten Dom überragte.

Der **Spanische Rathausbau** 5 erinnert daran, dass in Köln während des Dreißigjährigen Krieges die Spanische Liga, ein Verbund der katholischen Mächte, tagte. Das Treppenhaus mit geschwungenem Aufgang und leuchtenden Säulenkapitellen weist das Gebäude als eine typische Architektur der 1950er-Jahre aus. Sehenswert sind das Geschichtsfenster von Georg Meistermann und das aktuelle Stadtmodell im südlichen Innenhof.

Wider den kölschen Klüngel

Wie mächtig der Kölner Rat ist, das musste der Kaufmann Nikolaus Gülich erfahren. Mutig prangerte er 1680 Klüngel und Vetternwirtschaft der Führungsriege an und bewirkte deren Sturz. Doch letzlich gewann das Establishment die Oberhand. Gülich wurde verhaftet und 1686 geköpft. Sein Haus an der Ecke Quatermarkt und Obenmarspforten wurde abgerissen, und eine Schandsäule mit dem in Bronze gegossenen Kopf des Missetäters errichtet. Der Kopf mit Gülichs Gesichtszügen ist heute im Kölner Stadtmuseum zu sehen. Auf der nach wie vor freien Fläche, dem **Gülichplatz** 6, zeigt der **Fastnachtsbrunnen** seit 1912 heitere Aspekte des Stadtlebens.

Kunstsinnige Bürger

Den Reichtum der rheinischen Handelsmetropole im Mittelalter kann ermessen, wer die Exponate im **Wallraf-Richartz-Museum & Fondation Corboud** 7 anschaut. Nicht nur Domkapitel, Stifte und Klöster, auch die erfolgreichen Kaufleute und Handwerker umgaben sich mit Kunst. Maler und Goldschmiede aus allen deutschen Landen sowie aus Flandern und Frankreich fanden in Köln Lohn und Brot. Dass die mittelalterlichen Kunstwerke, insbesondere die Tafelbilder der sogenannten Kölner Malerschule, erhalten blieben, ist dem Sammeleifer von Ferdinand Franz Wallraf (1748–1824) zu verdanken. 2001 bezogen die Schätze ihr jetziges Haus nach Plänen von Oswald Mathias Ungers. Die kubusförmige Architektur aus hellem Tuffstein öffnet sich mit großen Eckfenstern zum Rathausplatz hin. Dunkle Steinbänder mit den Namen der im Haus vertretenen Maler gliedern die monumental-schlichte Fassade des viergeschossigen Gebäudes.

Neben Gemälden aus der Zeit zwischen 1250 und 1550 sind die Kunst des Barocks, u. a. Werke von Rembrandt und Rubens, der deutschen Romantik sowie des französischen Realismus und Impressionismus vertreten. Die Schweizer Mäzene Gérard und Marisol Corboud überließen dem Museum als Dauerleihgabe hochkarätige impressionistische und neoimpressionistische Kunstwerke. Um die Sammlung Corboud adäquat präsentieren zu können, entsteht neben dem Wallraf ein zusätzliches Ausstellungsgebäude.

INFOS/ÖFFNUNGSZEITEN

Praetorium 1: Kleine Budengasse 2, www.museenkoeln.de/archaeologische-zone, Di–So 10–17 Uhr, Eintritt 3,50 €, erm. 3 €

Rathaus 3: Mo, Mi, Do 8–16, Di 8–18, Fr 8–12 Uhr; Besichtigung der Rathaussäle nur mit KölnTourismus, T 0221 346 43-0

Wallraf-Richartz-Museum & Fondation Corboud 7: Obenmarspforten, T 0221 221 211 19, www.wallraf.museum, Di–So 10–18, 1. u. 3. Do im Monat 10–22 Uhr, Eintritt 8 €, erm. 4,50 €; mit CEDON Museum Shop

KULINARISCHES FÜR ZWISCHENDURCH

In Blickweite zum Rathaus befindet sich das seit 1511 verbürgte **Brauhaus Sion** 1 (Unter Taschenmacher 5, http://brauhaussion.de, So–Do 10.30–24, Fr, Sa 11.30–1.30 Uhr). In mehreren gemütlichen Sälen und der zünftigen Schänke finden 600 Gäste Platz. Kaffeeklatsch wie zu Omas Zeiten wird unter der Rotunde des **Café Jansen** 2 (Obenmarspforten 7, Mo–Fr 9–18.30, Sa 9–19, So 11–18 Uhr) zelebriert. Ideal für eine Pause ist auch das **Wallraf-Richartz** (www.wallraf-richartz-cafe.de) im Museum 7.

Cityplan: Karte 2, E 5/6 | **U-Bahn:** Rathaus

6

Vom Rhein in die Südsee – **das Kulturquartier**

Ohne Frage: Der große Reisspeicher im Foyer des Rautenstrauch-Joest-Museums macht neugierig auf die Begegnung mit den Kulturen der Welt. Dabei wird das Museum Schnütgen in der romanischen Kirche St. Cäcilien oft links liegen gelassen. Zu Unrecht! Die christliche Kunst wartet hier mit wundervollen Raritäten auf.

Der Reisspeicher im Foyer des Kulturquartiers fasst alle Themen der völkerkundlichen Ausstellung exemplarisch zusammen.

Beide Museen und ihre Sammlungen verdankt Köln – wie in vielen anderen Fällen auch – großzügigen Schenkungen. Wilhelm Joest, Enkel eines Kölner Zuckerfabrikanten, unternahm zwischen 1874 und 1894 zahlreiche Forschungsreisen und sammelte auf allen Kontinenten völkerkundliche Objekte. Seine umfangreiche

Ethnographica-Sammlung erbte bei seinem frühen Tod die in Köln verheiratete Schwester Adele Rautenstrauch, die sie wiederum 1899 der Stadt stiftete. Zudem stellte die vermögende Frau Kommerzienrat das Grundkapital für das erste Museumsgebäude am Ubierring zur Verfügung.

Ob Götzenfiguren vom anderen Ende der Welt …

Der Mensch in seinen Welten

Das neue Haus im **Kulturquartier** ermöglicht es dem **Rautenstrauch-Joest-Museum** 1, viele seiner über 65 000 Exponate und 100 000 Fotos auf drei Etagen und 3600 m^2 Fläche wirkungsvoll zu inszenieren. Dabei werden thematische Aspekte in den Vordergrund gestellt. Der Parcours ›Der Mensch in seinen Welten‹ eröffnet unerwartete Perspektiven auf vertraute und fremde Lebensformen.

Nach einem multimedialen Begrüßungszeremoniell betreten Sie die Studierzimmer von Wilhelm Joest und Baron Max von Oppenheim, die die Kölner ethnografische Sammlung maßgeblich beeinflussten. Die folgenden Räume dokumentieren, wie die Kultur und Kunst ferner Völker Eingang in die europäischen Museen fanden. Türen öffnen sich zum zweiten großen Themenkomplex, der Menschen verschiedener Kontinente in ihren jeweiligen Welten zeigt. Sie können sich in ihren Wohnstätten umsehen, lernen ihre religiösen Riten und ihr Jenseitsverständnis kennen und erleben ihre Feste und Zeremonien. Ein weißes ›Om-Sofa‹ lädt dazu ein, einen Moment zwischen den Welten zu weilen.

… oder Reliquienbüsten aus dem Rheinland – im Kulturquartier ist beides zu bewundern.

Der kleine Tod

Vom prächtigen Reisspeicher aus Indonesien im Museumsfoyer sind es nur ein paar Schritte in die abendländisch-christliche Welt. Die romanische Pfeilerbasilika **St. Cäcilien** (► S. 82) bildet seit ihrem Wiederaufbau nach dem Zweiten Weltkrieg den kongenialen Rahmen für die Sammlung des Domvikars Alexander Schnütgen (1843–1918). Über 6500 Gegenstände sakraler Kunst vom Mittelalter bis zum Historismus hatte er zusammengetragen.

Der lichtdurchflutete Verbindungstrakt verschafft dem **Museum Schnütgen** 2 optimale Bedingungen für die Präsentation mittelalterlicher Glasmalereien. Aber auch Steinkapitelle aus verschiedenen Kreuzgängen sowie das Originaltym-

INFOS/ÖFFNUNGSZEITEN

Kulturquartier: Cäcilienstr. 29–33, Di–So 10–18, Do 10–20, 1. Do im Monat 10–22 Uhr, Eintritt ein Museum 6 €, erm. 3,50 €, beide Museen 9 €, erm. 6 €
Rautenstrauch-Joest-Museum – Kulturen der Welt 1: T 0221 221 313 56, www.museenkoeln.de/rjm, die Abt. Rituale ist derzeit nicht zugänglich
Museum Schnütgen – Kunst des Mittelalters 2: T 0221 221 313 55, www.museum-schnuetgen.de

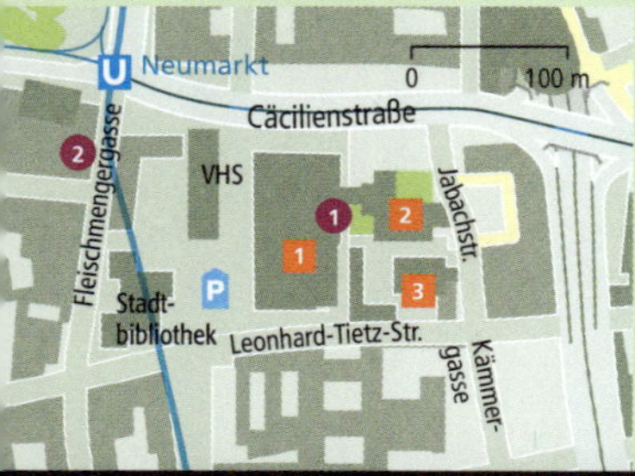

KULINARISCHES FÜR ZWISCHENDURCH

Im **Bistro KOLBS** 1 gönnen sich nicht nur Museumsbesucher eine kleine Auszeit vom Großstadtbetrieb. Eine ruhige Idylle ist der Innenhof mit Blick auf das »Tödlein«. Wer Lust auf etwas Deftiges hat, geht ein paar Schritte zur **Puszta-Hütte** 2 (Fleischmengergasse 57, Mo–Sa 10–20 Uhr, 4 €), wo Gulasch aus der Blechschale gelöffelt wird – nicht chic, aber super schmackhaft!

Cityplan: Karte 2, D 6 | **U-Bahn:** Neumarkt

panon des Nordportals von St. Cäcilien kommen hier gut zur Geltung. Herzstück des Museums Schnütgen ist der über 1000 Jahre alte Kirchenraum, über den auf der Empore verschiedene Heilige – Holzskulpturen von Romanik bis Barock – wachen. In der Ausstellungsreihe ›Museum Schnütgen – Im Fokus‹ inszeniert das Haus hier regelmäßig ausgesuchte Werke der Sammlung neu. Goldschmiedekunst verleiht der Sakristei Glanz. Die Krypta ist unter dem Sinnspruch *Memento mori* (Gedenke des Todes) feinsten Elfenbein- und Holzarbeiten gewidmet. An die Vergänglichkeit erinnert auch das »Tödlein«, das der Sprayer von Zürich, Harald Naegeli, 1980 auf das zugemauerte Westportal von St. Cäcilien sprühte.

UM DIE ECKE

In der spätgotischen Pfarrkirche **St. Peter** 3 (Jabachstr. 1, www.sankt-peter-koeln.de, Mi–Fr 12–18 im Sommer, 12–16 im Winter, Sa, So 13–17, in den Ferien Mi, Fr 10–12 Uhr) bietet die **Kunst-Station** zeitgenössischer Kunst und Musik einen besonderen Rahmen. Einziger Schmuck des leeren Kirchenraums sind die Fenster aus der Renaissance und die »Kreuzigung Petri« von Peter Paul Rubens, der in Kindertagen nahe St. Peter wohnte.

Ein dunkles Köln-Kapitel – **Besuch im EL-DE-Haus**

7

Das NS-Dokumentationszentrum im El-DE-Haus räumt ein für alle mal mit der Mär auf, Köln sei zu den Nazis auf Distanz gegangen. Neben der großen schweigenden Mehrheit gab es auch im Schatten des Doms – sogar im Dom – Sympathisanten und Unterstützer des Terrorregimes. Wer Widerstand leistete, musste um Leib und Leben fürchten.

Oppositionelle, Juden und nicht wenige, die denunziert worden waren, landeten in den Fängen der Gestapo, der Geheimen Staatspolizei. Diese hatte zunächst im damaligen Polizeipräsidium an der Krebsgasse ihre Dienststelle, beschlagnahmte aber 1935 am nahe gelegenen Appellhofplatz

Die Inschriften und Zeichnungen in den Gefängniszellen der Gestapo lassen niemanden unberührt – darunter erschütternde Zeugnisse vor dem Gang zum Galgen.

Über diese Messingplatten im Straßenpflaster soll der Blick stolpern. Vor den einstigen Wohnungen von Opfern des NS-Regimes sind die Stolpersteine des Kölner Künstlers Gunter Demnig in den Bürgersteig eingelassen. Inzwischen sind sie in über 300 Städten zu finden.

den Neubau des Kölner Kaufmanns Leopold Dahmen. Seine Initialen gaben dem **EL-DE-Haus** 1 den Namen. Das Gericht lag gleich nebenan und zum Kölner Zentralgefängnis, dem Klingelpütz, war es ebenfalls nicht weit. Hier saßen die Gestapo-Häftlinge ein und wurden zum Verhör in die Zentrale am Appellhofplatz gebracht.

»Köpfe müssen rollen nach dem Krieg«

In der Endphase des Krieges aber verbrachten die Häftlinge – überwiegend Zwangsarbeiter und Kriegsgefangene – manchmal Monate im Hausgefängnis im Keller des EL-DE-Hauses, mitunter eingepfercht zu 30 Personen auf nicht einmal 10 m². Jeder, der hier festgehalten wurde, musste mit seiner Ermordung rechnen. Spätestens seit Oktober 1944 stand im Hof ein mobiler Galgen, an dem sieben Menschen gleichzeitig hingerichtet werden konnten. Rund 1800 Inschriften an den Zellenwänden, darunter mehr als ein Drittel in kyrillischer Schrift, erzählen von der Folter, von der Ungewissheit und Todesangst, aber auch vom Widerstand.

Diese Zeugnisse des Terrors blieben erhalten, weil das EL-DE-Haus den Bombenhagel nahezu unversehrt überstand und direkt nach dem Krieg von städtischen Ämtern genutzt wurde. In den Kel-

INFOS/ÖFFNUNGSZEITEN

EL-DE-Haus/ NS-Dokumentationszentrum 1: Appellhofplatz 23–25, T 0221 22 12 63 32, www.museenkoeln.de/NS-Dokumentationszentrum, Di–Fr 10–18, Sa, So 11–18, 1. Do im Monat 10–22 Uhr, Eintritt 4,50 €, erm. 2 €, Audioguide 2 €

KULINARISCHES FÜR ZWISCHENDURCH

Bei einem Frühstück oder Imbiss können Sie im öko-zertifizierten **Café Lichtenberg** 1 (Richmodstraße 13, 0221 206 72 51, www.cafelichtenberg.de, tgl. 10–24 Uhr, HG ab 12 €) neue Kraft tanken und in urbaner Atmosphäre entspannen.

Cityplan: Karte 2, D 5/6 | **U-Bahn:** Appellhofplatz oder Neumarkt lerzellen lagerten Akten, über die so bedeutsamen Inschriften wurde geflissentlich hinweggesehen. Erst 1979 erfolgte auf Druck engagierter Bürger die Gründung des **NS-Dokumentationszentrums** und 1981 wurden die Zellen als **Gedenkstätte** öffentlich zugänglich gemacht. In den ehemaligen Gestapo-Büros unterrichtet seit 1997 die **Dauerausstellung** an 31 Medienstationen bis ins Detail über die Zeit des Nationalsozialismus in Köln: von der Machtübernahme der NSDAP, von der Indoktrination der Bevölkerung – insbesondere der Jugend –, von Rassismus und Antisemitismus, von Widerstand, Krieg und Befreiung. Gedenkstätte, Museum und die angeschlossene Forschungseinrichtung gelten europaweit als einzigartig.

Wider das Vergessen

Im Asphalt vor dem Museumseingang erinnert eine **Messingplatte** daran, dass im ›Mai 1940 – 1000 Roma und Sinti‹ vom Bahnhof Deutz Tief in die Vernichtungslager deportiert wurden. 22-mal verlegte der Künstler Gunter Demnig diese Spur vom sogenannten Zigeunerlager in Köln-Bickendorf quer durch die Stadt bis Deutz.

Einige Schritte weiter Richtung Neumarkt stand an der Stelle der heutigen Oper Kölns größte **Synagoge.** In der Reichsprogromnacht am 9. November 1938 wurde sie wie alle jüdischen Gebetshäuser der Stadt in Brand gesetzt. Eine Wandtafel in der Glockengasse macht darauf aufmerksam. Nach dem Krieg wurde einzig die Synagoge an der Roonstraße wieder aufgebaut.

UM DIE ECKE

Unter dem Dach der Neumarkt-Galerie besitzt das **Käthe-Kollwitz-Museum** 2 (Neumarkt 18–24, T 0221 227 28 99, www.kollwitz.de, Di–Fr 10–18, Sa, So 11–18 Uhr, Eintritt 5 €, erm. 2 €) die heute weltweit umfangreichste und geschlossenste Sammlung der Künstlerin: neben dem kompletten plastischen Werk mehr als 300 Zeichnungen und über 550 druckgrafische Blätter sowie alle Plakate. Käthe Kollwitz setzte mit ihren Arbeiten ein Zeichen gegen Krieg, Unterdrückung und soziale Ungerechtigkeit. Die Nazis ächteten ihr Werk als entartete Kunst und ließen ihre Exponate 1936 aus der Berliner Akademieausstellung entfernen.

Ü ÜBRIGENS

Über 3000 ›nicht angepasste‹ Jugendliche – Sammelbegriff **Edelweißpiraten** – verfolgte die Kölner Gestapo ab Ende der 1930er-Jahre mit zunehmender Härte. Auch sie hinterließen Spuren in den Folterkellern am Appellhofplatz. In Köln steht der Name Edelweißpirat heute als Synonym für Zivilcourage. Im November 1944 wurden einige teils noch minderjährige Widerständler in Ehrenfeld öffentlich hingerichtet. Eine Gedenktafel und Wandbilder an der Bahnunterführung in der Schönsteinstraße würdigen die NS-Opfer.

8

Geschätzte Stadtpatrone – **St. Gereon und St. Ursula**

Gereon und Ursula – so heißen die beliebtesten Heiligen der Stadt. Um die Verehrung der Kölner zu erwerben, genügte aber nicht der Märtyrertod. Es bedurfte vielmehr einer mörderischen Geschichte, die sich gewinnbringend vermarkten ließ. Und so konnten die Knöchelchen der Heiligen tausendfach in bare Münze verwandelt werden.

Die fromme Überlieferung will, dass sowohl Gereon als auch Ursula vor den Toren Kölns wegen ihres Glaubens gemeuchelt wurden. Über den vermeintlichen Gräbern der Märtyrer entstanden schon früh erste Gebetshäuser, die ab dem 11. Jh. prachtvoll ausgebaut wurden.

Das Dekagon von St. Gereon zeugt von der Genialität mittelalterlicher Baukunst.

Von gottesfürchtigen Kriegern ...

Helena, die Mutter des römischen Kaisers Konstantin des Großen, soll die erste **Gereonskirche** 1 gegründet und darin die Gebeine des hl. Gereon und seiner Gefährten beigesetzt haben – eine historisch unhaltbare Legende! Helena starb um 336, die Kirche aber entstand Ende des 4. Jh. Der Bau auf ovalem Grundriss war wegen der Ausschmückung mit Mosaiken auf Goldgrund unter dem Namen *Ad Aureos Sanctos* (Zu den Goldenen Heiligen) bekannt. Im 11. und 12. Jh. wurde der Langchor mit flankierenden Türmen und Apsis angebaut, Anfang des 13. Jh. dann das antike Oval mit einem Zehneckbau, dem Dekagon, ummantelt.

Noch heute versetzt das Dekagon mit einer Höhe von 35 m Besucher in Staunen. Nach starker Kriegszerstörung war sein Wiederaufbau 1985 vollendet. Die blutrote Ausmalung der Kuppel und die farbintensiven Fenster von Georg Meistermann in den oberen Geschossen erinnern an das Martyrium der hier verehrten Heiligen. In einer Nische des Dekagons steht unscheinbar die sogenannte Blutsäule. Über diesen Säulenstumpf soll das Blut Gereons geflossen sein.

Die Gereonslegende hat den türkischen Künstler Iskender Yediler dazu inspiriert, das abgeschlagene Haupt des hl. Gereon aus Granit zu hauen. Die monumentale Skulptur 2 liegt auf dem Gereonsdriesch, dem einstigen Weide- und Futterplatz östlich der Kirche.

Gereon und seine Gefährten waren römische Soldaten und stammten aus Theben in Oberägypten. Kaiser Diokletian und Kaiser Maximian beorderten die 50 Mann starke Truppe an den Rhein, um gegen aufständische christliche Gemeinden vorzugehen. Die Thebäer aber waren ebenfalls Christen und verweigerten die Anbetung der römischen Götter. Und so kam es, dass die Soldaten selbst wegen ihres Glaubens verfolgt und schließlich vor den Toren Kölns enthauptet wurden. Ihre Leichname warf man in einen Brunnen.

Dass rund um St. Gereon immer wieder ›Gebeine der Märtyrer‹ auftauchten, verwundert nicht weiter. Schließlich steht die Kirche auf einem römischen Gräberfeld. Da die Kölner es schon damals faustdick hinter den Ohren hatten, war schon bald von über 400 Gemarterten die Rede. Denn nicht zuletzt bestimmte die Anzahl an Reliquien die Heiligkeit eines Ortes und zog entsprechend viele Pilger an.

In der Krypta (bitte Gebetsruhe wahren!) sind Steinsarkophage mit den sterblichen Überresten der Märtyrer aufgestellt. Sehenswert sind hier jedoch vor allem die staufischen Fußbodenmosaike

Hinter einem bezaubernden Lächeln verbergen die Reliquienbüsten in der Goldenen Kammer makabres Gerippe.

aus dem frühen Mittelalter. Reste der ursprünglichen romanischen Bemalung blieben in der Apsis und in der Taufkapelle erhalten.

… und frommen Jungfrauen

Noch stärker als die Legende des hl. Gereon ist die der britannischen Königstochter Ursula im Bewusstsein der Kölner verankert. Sogar das Stadtwappen erinnert mit elf schwarzen Flammen an die christliche Jungfrau und ihre Begleiterinnen, die vor den Toren Kölns von den heidnischen Hunnen niedergemetzelt wurden. Ein Heer von Engeln rächte das Blutbad, schlug die Barbaren in die Flucht und rettete Köln vor der Zerstörung.

Die romanische Emporenbasilika **St. Ursula** 3 (12. Jh.) ist ganz und gar diesem legendären Ereignis gewidmet. Schon die goldene Krone auf der barock geschwungenen Kirchturmhaube weist von weitem darauf hin, dass das Gotteshaus der Königstochter geweiht ist. Der im 13. Jh. im gotischen Stil errichtete Chor der Kirche gleicht einem monumentalen Reliquienschrein. Seine elf Fenster stehen symbolisch für die Zahl der getöteten Jungfrauen. Innen im Chor erzählt ein Gemäldezyklus von 1456 auf 19 Holztafeln aus Ursulas Leben. Auch die Schreine der Heiligen und ihres Verlobten Ätherius sind in der Kirche zu sehen.

K
KARDINÄLE

In der Kardinal-Frings-Straße zeigt die Katholische Kirche Präsenz: auf der einen Seite das **Priesterseminar** und das **Erzbischöfliche Haus** 4, gegenüber das Tagungszentrum des Erzbistums Köln im **Maternushaus** 5. Zu seinen Erzbischöfen pflegt der Kölner nicht immer die besten Beziehungen. Ob der Erzbischof deshalb hinter hohen Mauern wohnt? Der aktuelle Amtsinhaber aber ist gut gelitten. Rainer Maria Kardinal Woelki ist schließlich ein bebürtiger Kölner, wenn auch von der *schäl Sick*.

Schaurig schön

Vor allem aber gibt die **Goldene Kammer** der Ursulalegende Nahrung. Die Wände des 1643 an die Kirche angebauten Reliquienraums sind bis in die Gewölbe kunstvoll mit Gebeinen verkleidet. Rund 700 Schädel liegen, in kostbar bestickten Samt gehüllt, verborgen in golden verzierten

INFOS/ÖFFNUNGSZEITEN

St. Gereon 1: Gereonshof 4, www.stgereon.de, Mo–Fr 10–18, Sa 10–17.30, So 13–18 Uhr; Krypta Mi 15–17, Sa 10–12 Uhr

St. Ursula 3: Ursulaplatz 30, www.heilige-ursula.de, Do–Sa 10–12, 15–17 (Mi bis 16.30), So 15–16.30 Uhr; Goldene Kammer Eintritt 2 €, erm. 1 €

KULINARISCHES FÜR ZWISCHENDURCH

Am Kirchplatz vor der Gereonskirche fällt der Blick auf die verspielte neogotische Fassade des ehemaligen Stadtarchivs. Dort hat **The Quest Hydeaway** 1 (Gereonskloster 12, https://qvest.de/the-qvest-hotel) ein hochpreisiges Designhotel eingerichtet. Die Bar im Erdgeschoss vermittelt einen Eindruck des stylischen Ambientes. Wie die **Schreckenskammer** 2 (Ursulagartenstr. 11–15, www.schreckenskammer.com, Di–Sa 11–13.45, 16.30–22.30 Uhr) zu ihrem Namen gekommen ist, erfahren Sie bei einem selbst gebrauten Schreckenskammerkölsch. Der Flair der 1970er-Jahre mit bunt gewürfeltem Mobiliar und einem Angebot an Brettspielen weht durch das **Café Stövchen** 3 (Ursulakloster 4–6, Mo–Fr 11–1, So 10–1 Uhr).

Cityplan: C/D 4 | **U-Bahn:** Christophstr.

Schränken. Aus den umlaufenden Regalen blicken mehr als 120 Reliquienbüsten (13.–17. Jh.) auf den Besucher hinab. Trotz des unverwechselbaren ›kölnischen Lächelns‹, das ihr Antlitz umspielt,tragen sie zur schaurigen Faszination dieses außergewöhnlichen Ortes bei.

Nun werden Sie sich fragen, woher all diese Skelettteile stammen. Wie die Gereonskirche, so steht auch St. Ursula auf einem römischen Gräberfeld. Bei Bauarbeiten im Zuge der zweiten Stadterweiterung 1106 stieß man auf menschliche Überreste, die flugs Ursula und ihrer Entourage zugeschrieben wurden. Und da es sich um sehr viele Gebeine handelte, wurden aus den ursprünglich elf schließlich 11 000 Jungfrauen, zuzüglich männlicher Begleiter. Mit den heiligen Knöchelchen ließen sich gute Geschäfte machen, waren sie doch für den mittelalterlichen Menschen ein fassbarer Beweis des Glaubens. In Reliquienbehältnisse verpackt, waren sie seinerzeit ein Kölner Exportschlager.

#9

Flanieren am Strom – **im Rheinauhafen**

Köln liegt bekanntlich am Rhein und der ist – neben dem Dom – das größte touristische Pfund der Stadt. Dennoch blieb das Potenzial des ehemaligen Hafengebietes südlich der Altstadt lange Zeit unbeachtet. Längst aber hat sich der Rheinauhafen zu Kölns attraktiver Schauseite am Strom gemausert.

Zugang zum Hafen gibt im Norden eine eiserne **Drehbrücke.** Bei Bedarf wird sie für den Schiffsverkehr geöffnet, denn das Hafenbecken dient heute Sportbooten als sicherer Liegeplatz. Den Brückenmechanismus birgt der verwunschen wirkende **Malakoffturm** 1, ein Relikt der preußischen Uferbefestigung. Beliebter Treffpunkt zu seinen Füßen ist die **Hafenterrasse** 1. Hier hält auch der **Schoko-Express,** der zwischen Dom und Schokoladenmuseum pendelt.

Auf der Suche nach dem besten Fotomotiv im Rheinauhafen – von der Severinsbrücke aus ergeben sich interessante Perspektiven.

Süß und sportlich

Als 1993 das **Schokoladenmuseum** 2 öffnete, kamen die Kölner erstmals nach fast genau 100 Jahren wieder vergnügungshalber auf die Rheinauhalbinsel. In früheren Zeiten hatten sie die ehemals natürliche Insel, das Werthchen, zum Baden und Flanieren genutzt. Der Ausbau des Hafens Ende des 19. Jh. bedeutete das Aus für diese beliebte Sommerfrische.

An der Einfahrt zum Jachthafen schiebt sich das Museum wie ein Schiffsbug in den Strom hinein. Geschickt verbindet sich der Bau aus Glas und Aluminium mit den Neorenaissanceformen des ehemaligen Hauptzollamts. Von der Kakaobohne, die im hauseigenen Regenwald heranreift, bis zur Praline werden alle Schritte der Schokoladenproduktion erklärt. Stets umlagert ist der Schokobrunnen, immer gut besucht das CHOCOLAT Grand Café. Den Museumsshop verlässt wohl niemand ohne eine süße Köstlichkeit, das Angebot, etwa ein Schokoladendom, ist definitv zu verlockend.

Als zweite Attraktion des Hafens wurde sechs Jahre später in der ehemaligen Zollhalle 10 das **Sport & Olympia Museum** 3 eingerichtet. In den alten Backsteinmauern wird 3000 Jahre Sportgeschichte multimedial sowie anhand von Originalobjekten präsentiert. Das Kunstrasenspielfeld auf dem Museumsdach animiert dazu, bei bester Rheinsicht eine Runde zu kicken. Den Ausblick können Sie aber auch von der Terrasse des Café [RH]EINWURF aus bei Kaffee oder Kölsch genießen.

Das Sport & Olympia Museum macht vor der Zollhalle 10 mit dynamischen Kunstwerken auf sich aufmerksam.

Begegnung von Alt und Neu

2002 erfolgte dann endlich der erste Spatenstich für den Bau des neuen Veedels an der Rheinfront. Sein Symbol sind die drei **Kranhäuser** 4, deren Gestalt das Hamburger Architekturbüro Hadi Teherani den alten Hafenkränen nachempfunden hat. Sie dominieren nicht nur die Silhouette des Rheinauhafens, sondern verleihen dem gesamten Stadtpanorama ein neues Gesicht – für manchen Traditionalisten ein Greuel. Unter die gigantischen Ausleger der gläsernen Riesen ducken sich mit den Hallen 11 und 12 zwei frühe Beispiele für den Stahlbetonbau. Auch die Säulen mit dem beeindruckenden Kreuzrippengewölbe im Erdgeschoss von **Halle 11** 5 bestehen aus diesem Material.

#9 Rheinauhafen

Die mittelalterliche Stadtfeste steht heute für Frauen-Power. 1994 verwandelte das Feministische Archiv und Dokumentationszentrum unter der damaligen Chefin Alice Schwarzer den Festungsbau in den FrauenMediaTurm.

An der Stadtseite des Hafenbeckens beglückt das **art'otel** seine Gäste nicht nur mit außergewöhnlicher Aussicht, sondern inspiriert auch mit Originalwerken der koreanischen Künstlerin SEO. Im Erdgeschoss verwöhnt das **Chino Latino** 2 mit Sushi, Sashimi und Steaks. Zu den ambitioniertesten Neubauten am Hafenkai zählt das **Rheinau ArtOffice** 6, das mit dem Computerriesen Microsoft einen prominenten Mieter gewinnen konnte. Der benachbarte ehemalige Getreidespeicher ist bereits seit den späten 1980er-Jahren ein Hort der Kreativität: Im **Kunsthaus Rhenania** 7 arbeiten etwa 30 professionelle Künstler unterschiedlicher Richtungen. Neben Ausstellungen sucht die Künstlergemeinschaft mit Konzerten, Theater und Tanz ein größeres Publikum anzusprechen.

Zum Sommerkino lädt **Bay Open Air** 1 bei entsprechendem Wetter auf die Freitreppe ein, die vom **Harry-Blum-Platz** hinab zu den Schiffstegen im Hafenbecken führt. Über allem wacht die romantische Silhouette des alten **Hafenamtes** 8, dem Treppengiebel und Erkertürmchen die Allüre eines Schlösschens verleihen.

Am Mittelboulevard weiter südlich behauptet der **Bayenturm** 9 (um 1220) – jahrhundertelang markanter Blickfang an der Rheinfront – zwischen modernen Bauten trutzig seine Stellung. Die südöstliche Eckbastion der romanischen Stadt- und Rheinmauer galt nach dem Sieg der Kölner über den Erzbischof als Symbol der Bürgerfreiheit.

N NOCH WAS

In der **Tiefgarage** unter dem Rheinauhafen können Sie sich verlaufen. Schließlich misst sie 1,6 km und hält damit fast Weltrekord. Eine längere gibt es nur in New York. Bei der Orientierung hilft ein ausgeklügeltes Farbkonzept, das 2010 mit dem renommierten ›red dot design award‹ ausgezeichnet wurde. Nun kann nur noch ein Rheinpegel von über 9,40 m das Wiederauffinden des Autos gefährden, denn bei diesem Wasserstand wird die Garage geräumt.

Exklusives Wohnen im Silo

In Verlängerung des Ubierrings öffnet der **Elisabeth-Treskow-Platz** eine Sichtachse zwischen Stadt und Strom. Am Rheinufer jedoch stolpert der Blick über ein kleines, kompaktes Gebäude, die **Rheinbastion** 10, sicherlich eine der außergewöhnlichsten Wohnadressen Kölns. Hinter ihren starken Mauern lagerten die Preußen schwere Geschütze, um im Ernstfall die Sicherung des Rheinstroms zu gewährleisten. An der **Eistheke** im Erdgeschoss gibt's im Sommer eine kühle Erfrischung. Für urbanes Leben auf dem weitläufi-

INFOS/ÖFFNUNGSZEITEN

Internet: www.rheinauhafen-koeln.de
Schokoladenmuseum Köln 2: Am Schokoladenmuseum 1a, T 0221 931 88 80, www.schokoladenmuseum.de, Di–Fr 10–18, Sa, So 11–19 Uhr, Eintritt 9 €, erm. 6,50 €
Deutsches Sport & Olympia Museum 3: Im Zollhafen 1, T 0221 33 60 90, www.sportmuseum.de, Di–Fr 9–18, Sa, So 11–19 Uhr, Eintritt 6 €, erm. 3 €
Kunsthaus Rhenania 7: Bayenstr. 28, www.kunsthaus-rhenania.de
FrauenMediaTurm 9: Bayenturm, T 0221 931 88 10, www.frauenmedia turm.de, Bibliothek Mo–Fr 10–17 Uhr nach Voranmeldung, Gebühr 5 €

KULINARISCHES

Hafenterrasse 1: Am Schokoladenmuseum 1a, T 0221 93 18 88 17, April–Okt. bei gutem Wetter So–Do 11–22, Fr, Sa 11–23 Uhr
Chino Latino 2: Holzmarkt 4, T 0221 80 10 39 00, www.chinolatino.eu/cologne, tgl. 12–14, Mo–Sa 18–22.30 Uhr, Imbiss ab 10 €
Bay Biergarten 1: Harry-Blum-Platz, https://koeln.openairkino.de, im Sommer tgl. ab 19 Uhr, Filmbeginn 21/22 Uhr, Eintritt 8 € Limani 3: Agrippinawerft 6, T 0221 719 05 90, www.limanicologne.de, tgl. 10–1 Uhr, mittags Imbiss um 10 €
Joseph's: Im Silo 23 12, Agrippinawerft 22, T 0221 16 91 73 00, www.josephs-koeln.de, So–Fr 12–15, 18–24, Sa 18–24 Uhr, HG ab 20 €
Long Island: Im Kap am Südkai 13, Agrippinawerft 30, T 0221 92 07 10, http://long-island.eu, Di–Fr 12–24, Sa 17–24 Uhr, 1. So im Monat Brunch, Terrasse bei gutem Wetter Di–Fr ab 15, Sa, So ab 12 Uhr, mittags ab 10 €

Cityplan: E/F 7–10 | **U-Bahn:** Heumarkt, Ubierring, Schönhauser Str. | **Bus:** 133

gen Platz sorgt im **Rheinkontor** das griechische Restaurant **Limani** 3, zu Deutsch ›Hafen‹. Das Publikum räkelt sich auf bequemen Sonnensofas und genießt die Aussicht. Auf der Terrasse am Kontorhaus und im edel dekorierten Speiseraum werden griechisch-mediterrane Speisen serviert – nicht gerade günstig, aber bei dem Blick …

Am Rheinufer blieben mehrere Kräne als Symbole der hundertjährigen Hafengeschichte erhalten. Vor dem Siebengebirge reckt sich der moderne Kran 31a (Bild) in den Himmel, älteren Baujahrs sind Kran 34 und der klobige Veteran Herkules vor dem Kap am Südkai.

Kein anderes Gebäude im Hafen demonstriert die geglückte Neunutzung der alten Speicherhäuser so gut wie das **Siebengebirge** 11. Neun Giebel in auffälligem Safrangelb zeigt das denkmalgeschützte Gebäude an der Rheinseite. Die sieben Giebel zum Land hin legten die Assoziation mit der rheinaufwärts gelegenen Hügelkette nahe. Der Umbau des Getreidesilos war eine Herausforderung. Vor allem die Ausleuchtung der tiefen Räume erwies sich als problematisch, die Vermarktung der sündhaft teuren Luxusapartments hingegen als ein Kinderspiel. **Silo 23** 12 gleich nebenan war bereits dem Abriss geweiht, als ein mutiges Investorenteam sich an den Umbau des fensterlosen Klotzes wagte. Bei **Joseph's** im Erdgeschoss genießen mittags vor allem Geschäftsleute raffinierte österreichische Küche.

Das hoch aufragende gläserne **KAP am Südkai** 13 bildet den grandiosen Abschluss des Rheinauhafens oder – je nach Sichtweise – sein einladendes Entrée im Süden. Im **Long Island** oder auf seiner großen Sonnenterrasse können Sie den Hafenspaziergang ausklingen lassen. Der Blick wandert von den alten Hafenkränen weiter rheinaufwärts zu den markanten Bögen der **Südbrücke** 14, über die regelmäßig Güterzüge rattern. Kommt Ihnen die **Wurstbraterei** vor dem Pfeiler der Südbrücke bekannt vor? Die Kölner »Tatort«-Kommissare Ballauf und Schenk sind Stammkunden. Fernsehreif sind auch manche akrobatische Figuren der Kids auf der benachbarten **Skate Plaza Kap686** 1.

UM DIE ECKE

Nach Einbruch der Dunkelheit setzt das **Hochwasserpumpwerk Schönhauser Straße** 15 farbige Akzente am Rheinufer. Je nach Pegelstand leuchtet das kubische Gebäude von beruhigendem Grün bis zu alarmierendem Rot. Tagsüber zeigt sich die Gitterkonstruktion in unscheinbarem Metallgrau.

Kölnkosmos – **die Südstadt**

#10

Die Südstadt ist fast schon ein Mythos. In den späten 1970er-Jahren entwickelte sie sich zur Hochburg von Studenten und Künstlern, Alternativen und politisch Aktiven. Ihre Kneipenlandschaft war auch außerhalb Kölns legendär. Die Kölschrockband BAP hat hier ihre Wurzeln.

Später stahlen andere Viertel der Südstadt die Show. Doch der Stern des Südens ist nie ganz erloschen und gewinnt durch den benachbarten Rheinauhafen wieder an Strahlkraft. Dreh- und Angelpunkt der Südstadt ist der **Chlodwigplatz** mit der Severinstorburg. Ob vor oder hinter diesem mittelalterlichen Stadttor, an nahezu jeder Straßenecke befindet sich eine Kneipe. Die Palette reicht vom Brauhaus bis zur Cocktailbar, vom Döner bis zum Gourmet-Restaurant. Dazwischen finden sich kleine individuelle Läden und Ateliers.

Sommer in der Südstadt: Da kann selbst ein zugeparkter Kreisverkehr zur Idylle werden. Am sogenannten Eierplätzchen vor dem Römerpark spielt eine Band kubanische Musik.

INFOS/ÖFFNUNGSZEITEN

St. Severin 2: Severinskirchplatz, wegen Sanierung voraussichtlich bis Mitte 2017 keine Besichtigung, Führungen sonst über KölnToursimus

ESSEN UND AUSGEHEN

Haus Müller 1: Achterstr. 2, 0221 932 10 86, www.haus-mueller.koeln, Mo–Sa 17–1, So 13–1 Uhr, HG ab 13,50 €
Brasserie Capricorn [i] Aries 2: Alteburger Str. 31, T 0221 397 57 10, www.capricorniaries.com, Mo, Di, Do, Fr 12–15, 18–1, Sa 18–1 Uhr, Menü ab 45 €
Oxin 3: Alteburger Str. 35, T 0221 932 24 64, www.oxin-restaurant.de, Di, Do–So 12.30–14.30, 18–24 Uhr, fünf Mezze 6 €
Massimo Rosticceria 4: Alteburger Str. 41, T 0221 348 96 01, bei Facebook, Mo–Fr 12–23, Sa, So 17–23 Uhr, um 10 €
Römerpark Caféhaus 5: Teutoburger Str. 42, T 0221 38 61 94, www.cafe-roemerpark.de, Mo–Sa 9–20, So 9.30–19 Uhr, kleine süße und herzhafte Gerichte ab 5 €
Gelateria Cafeteria Süd 6: Mainzer Str. 77, T 0221 96 71 07 71, www.gelateria-cafeteria-sued.de, Di–Fr 10–20, Sa, So 11–20 Uhr
Früh em Veedel 1: Chlodwigplatz 28, www.fruehemveedel.de, Di–Do 16–24, Fr, Sa 11–1 Uhr
Chlodwig-Eck 2: Annostr. 1–3, So–Do 18–2, Fr, Sa 18–3 Uhr
Ubierschenke 3: Ubierring 19, http://ubierschaenke-koeln.de, tgl. 11–2 Uhr
Odeon 4: Severinstr. 81, www.odeon-koeln.de

Cityplan: E/F 8/9| **U-Bahn:** Chlodwigplatz

Die Mischung macht's

Besonders an Karneval herrscht rund um die **Severinstorburg** 1 farbenprächtiger Trubel. Unter ihrem Gewölbe schallen die Sambatrommeln besonders gut. An Weiberfastnacht dient das wuchtige Gemäuer als Kulisse für die unglückliche Liebesgeschichte von Jan und Griet (▶ S. 31), am Karnevalssonntag ist sie Ausgangspunkt der Schull- und Veedelszöch sowie einen Tag später des Rosenmontagszugs.

Strategisch günstig liegt gleich daneben das **Früh em Veedel** 1 – der Inbegriff der kölschen *Weetschaff op d'r Eck*. An der Theke, wo das Kölsch direkt vom Fass gezapft wird, trifft nicht nur an Karneval ein buntes Völkchen aufeinander: Urkölner und Imis, Angestellte der nahen TH und Künstler, Spießer und Alt-68er. Nur Veggis und Veganer sind hier eher seltene Gäste. Gratis zum Bier gibt es den neuesten Tratsch aus der Nachbarschaft.

Von der Torburg führt die Severinstraße geradewegs hinein ins *Vringsveedel.* Über das **St. Severin** 2 (► S. 83) wacht, eine der zwölf romanischen Kirchen Kölns, auch wenn der Turm auf Gotik tippen lässt. Der Kirchenpatron, im Dialekt heißt er *Vrings,* war laut Überlieferung um 400 der dritte Kölner Bischof. Noch weiter zurück in die Vergangenheit des Viertels geht's unter der Kirche. Hier stießen die Archäologen auf einen römischen Friedhof mit unzähligen Grabplatten, Urnen und Sarkophagen.

Der Brunnen auf dem Kirchplatz hält die Erinnerung an die jungen Frauen wach, die morgens in den sogenannten *Kamelle*-Dom zur Arbeit strömten. Von 1872 bis 1975 war die Süßwaren- und Schokoladenfabrik **Stollwerck** größer Arbeitgeber im Severinsviertel. Den Abriss der Fabrikgebäude konnte auch die spektakuläre Hausbesetzung 1980 nicht stoppen.

Nachdem die Baustellen der Nord-Süd Stadtbahn endlich verschwunden sind, lohnt sich wieder ein Bummel über die **Severinstraße.** Eine kleine Idylle ist der Platz an der Eiche mit der vielleicht schönsten Restaurant-Terrasse des Viertels vor **Haus Müller** 1. Rund herum warten einige hübsche Läden auf Entdeckung.

Die Kultkneipe der Südstadt ist das **Chlodwig-Eck** 2. Zur Eröffnung in der Annostraße 1979 spielte BAP. Wolfgang Niedecken und seine Musikerfreunde gingen hier ein und aus ebenso wie Künstler und Studenten der nahen Kölner

Lange vor Gabi Köster oder Carolin Kebekus rockte Trude Herr als kölsche Kabarettistin und Sängerin die Bühne. Schlagfertigkeit gepaart mit Sentimentalität und einem Schuss Vulgarität waren das Markenzeichen des Urgesteins kölschen Humors. Auch jüngere Jahrgänge kennen ihr Lied »Ich will keine Schokolade, ich will lieber einen Mann...«. Ihr Theater an der Severinstraße macht heute unter dem Namen Odeon 4 anspruchsvolles Programmkino.

In der Ubierschenke herrscht ausgelassene Stimmung, wenn der FC ein Tor schießt. Bei Niederlagen tröstet ein frisches Kölsch.

Werkschule am Ubierring. Hinter dem Tresen stand Wirt Clemens Böll. Und selbst sein berühmter Schriftsteller-Onkel Heinrich kehrte ab und an ein. Auch die **Ubierschenke** 3 eine Ecke weiter existiert seit den 1970er-Jahren und hat seitdem ihr Aussehen kaum verändert.

Die Welt zu Gast

Südlich des Ubierrings erstreckt sich stadtauswärts die Neustadt mit breiten, von Bäumen gesäumten Straßenzügen und herrschaftlicher Gründerzeitarchitektur. Mitten drin Restaurants und Imbisse mit Speisen aus aller Welt. So lädt beispielsweise die **Alteburger Straße** auf wenigen Metern zu einer kulinarischen Reise rund ums Mittelmeer ein. Feine französische Küche serviert die **Brasserie Capricorn [i] Aries** 2 in romantischem Ambiente. Die Vielfalt orientalischer *mezze* bringt das **Oxin** 3 auf den Tisch. Pizza und vor allem leckere Pasta gibt es nebenan in der **Massimo Rosticceria** 4.

Auf dem Bauspielplatz im Friedenspark toben sich die jungen Südstädter aus.

Wenn Sie ein spätes Frühstück einehmen möchten, gibt es keine Alternative zum **Römerpark Caféhaus** 5 am sogenannten Eierplätzchen. Das beste Eis bereitet einige Schritte weiter die **Gelateria Cafeteria Süd** 6 täglich frisch zu. Das Eis können Sie auch im **Römerpark** vor der **Alten Universität** 3 schlecken. Das schlossähnliche Gebäude war allerdings nur kurze Zeit nach 1919 Sitz der Universität zu Köln, heute ist hier die TH Köln untergebracht. Entspannung im Grünen finden die Südstädter im angrenzenden **Friedenspark,** der auf dem alten preußischen **Fort I** 4 angelegt wurde.

UM DIE ECKE

Das **Bürgerzentrum Stollwerck** 5 (Dreikönigenstr. 23, www.buergerhaus-stollwerk.de) in einem alten preußischen Amtsgebäude sorgt für ein vielseitiges Veranstaltungsprogramm in der Südstadt. In die Welt des Jazz entführt das **Alte Pfandhaus** 6 (Kartäuserwall 20, www.altes-pfandhaus.de). Im intimen Konzertsaal kommen aber auch Fans klassischer Musik auf ihre Kosten. Nebenan fördert das **Kunsthaus KAT 18** 5 (Kartäuserwall 18, www.kunsthauskat18.de, Di–Sa 11–18 Uhr) samt KAT18 Kaffeebar die Begegnung mit behinderten Künstlern und deren Arbeiten.

Kölns kreatives Quartier – **das Belgische Viertel**

11

Zwischen Aachener Straße und Venloer Straße, Ring und Bahndamm prägen Mode und Design das Leben. Rund um den Brüsseler Platz treffen Sie auf einen frischen Look jenseits des Mainstreams, auf eine sympathische Gastronomieszene und auf ausgefallene Kunstkonzepte.

Wegen seiner Straßen und Plätze mit Namen von belgischen (und holländischen) Städten und Provinzen wurde die westliche Neustadt Belgisches Viertel getauft. Mit seinen großen schönen Häusern aus Jugendstil und Gründerzeit zählt es zu den begehrtesten zentrumsnahen Wohnlagen. Besondere Sehenswürdigkeiten gibt es nicht zu bestaunen, aber unzählige Restaurants sowie

Manche Hauswand, manchen Hinterhof im Belgischen Viertel schmückt Streetart. Genaues Hinsehen lohnt sich!

KULINARISCHES

Salon Schmitz (1): Aachener Str. 28, T 0221 92 29 95 94, http://salonschmitz.com, So–Do 9–1 Uhr, Fr, Sa 9 – open end

St-Michael (2): Brüsseler Str. 55, T 0221 96 26 26 07, www.stmichael.koeln, So–Do 16–24, Fr, Sa 16–1 Uhr, HG ab 11 €

Ouzeria (3): Brüsseler Str. 68, T 0221 51 39 98, www.ouzeria-koeln.de, tgl. ab 17 Uhr, Mezedes/Tapas ab ca. 5 €

Bali (4): Brüsseler Platz 2, T 0221 52 29 14, Mo–Sa ab 18 Uhr, HG ab 14 €

FUNDSTÜCKE

Einkaufen im Belgischen Viertel: Kernöffnungszeiten Mo–Fr 12–19, Sa 12–16 Uhr, Info: www.chicbelgique.

boutique fraukayser (1): Maastrichter Str. 40–44, www.fraukayser.de, Mo–Sa 12–19 Uhr

Siebter Himmel (2): Brüsseler Str. 67, www.siebterhimmel.de, Mo–Sa 10–19 Uhr

Madame Miammiam (3): Antwerpener Str. 39, www.madamemiammiam.de, Di–Do 11–18.30, Fr, Sa 11–19, So 13–17 Uhr

Museum für verwandte Kunst (4): Genter Str. 6, www.museumfuerverwandtekunst.de, Do–So 15–18.30 Uhr

... UND ABENDS

Volksbühne am Rudolfplatz/Volkstheater Millowitsch (1): Aachener Str. 5, T 0221 25 17 47, www.volksbuehne-rudolfplatz.de bzw. T 0221 272 73 70, www.millowitsch.de

Theater im Bauturm (2): Aachener Str. 24–26, T 0221 52 42 42, www.theater-im-bauturm.de; **Café Bauturm,** www.cafe-bauturm.de, Mo–Fr 8–3, So 9–3 Uhr, HG ab 13 €

Herr Pimock (3): Aachener Str. 52, www.herrpimock.de, Mo–Do 10–1, Fr 10–3, Sa 9–3, So 9–1 Uhr

Hallmackenreuther (4): https://hallmackenreuther.d.dom.de, tgl. 11–1 Uhr, Kleinigkeiten um 6 €

minibib (1): April–Sept. tgl. 13–19, Okt.–März Mo, Sa 15–18, Di–Fr, So 13–18 Uhr

Cityplan: A/B 4–6 | **U-Bahn:** Rudolfplatz

Clubs und Theater machen den Stadtteil zum angesagten Szenetreff. Seit einigen Jahren gilt das Belgische Viertel auch als *der* Hotspot für eine Shoppingtour.

Nördlichste Stadt Italiens

Selbst die viel befahrene **Aachener Straße,** die Hauptausfallstraße Richtung Westen, hat sich zum Erlebnisboulevard gemausert. Bereits seit 1936 unterhält in der Nr. 6, über deren Eingang inzwischen der Name **Volksbühne** (1) prangt, die Theaterdynastie **Millowitsch** mit kölschen

Schwänken. In der spielfreien Zeit präsentiert die Volksbühne im prachtvoll restaurierten roten Theatersaal ein abwechslungreiches Programm – Musik, Talk, Shows und Comedy. Zeitkritische Inszenierungen sind schräg gegenüber im **Theater im Bauturm (TiB)** 2 zu sehen.

Im **Café Bauturm** herrscht den ganzen Tag über Betrieb. Durch große Glasfronten lässt sich das Treiben auf der Straße beobachten, in den hinteren Räumen in Ruhe die Zeitung lesen. Entschleunigung ist angesagt. Auch im **Salon Schmitz** 1 geht's los mit Frühstück, wobei Kuchen und Quiche ebenfalls zu empfehlen sind – Ihre Wahl treffen Sie nebenan an der Theke der **Metzgerei Schmitz.** Alternativ bietet sich **Herr Pimock** 3 an, die Hipster-Kneipe schlechthin mit einem schrägen urbanen Look. Sobald es wärmer wird, expandieren die Cafés auf die Gehsteige. Die Kölner lieben es, im Freien zu sitzen, selbst im dicksten Verkehrsgetümmel. Schließlich gilt Köln als ›nördlichste Stadt Italiens‹.

Südländisches Lebensgefühl herrscht auch auf dem **Brüsseler Platz.** Zu viel sogar, beschweren sich die Anwohner. Denn in lauen Sommernächten ist das lauschige Geviert vor der neoromanischen Kirche **St. Michael** 1 Ziel Hunderter junger Nachtschwärmer. Alle Konzepte des Ordnungsamtes, dem Drang ins Freie Einhalt zu gebieten, haben bislang versagt. Der Platzes wird von Restaurants und Kneipen gerahmt: Das **St. Michael** 2 serviert Hausmannskost, in der **Ouzeria** 3 stillen mediterrane *mezedes* den großen und kleinen Hunger, während das **Bali** 4 mit ostasiatischer Küche verwöhnt. Als Institution am Brüsseler Platz gilt das **Hallmackenreuther** 4, das mit

Das Café Bauturm 2 – einer der Pioniere auf der Aachener Straße – ist immer noch angesagt.

Mal auf andere Gedanken kommen? Dann schauen Sie doch in die minibib 1 im Stadtgarten hinein. Das innovative ›Bücherbüdchen‹ ist auch ein kleiner Leckerbissen für Designfans.

ausgefallenem Retro-Interieur schon immer Alternative und Kreative anzog.

Mode- und Kunstschau

Nicht nur vielfältigste Gastronomieangebote prägen das Umfeld des Brüsseler Platzes, es haben sich auch zahlreiche kleine Läden, einige Ateliers und Galerien etabliert. Unbedingt vorbeisehen sollten Sie in der **boutique fraukayser 1,** die sich auf Stickereien aller Art spezialisiert hat. Der Laden versprüht gute Laune. Im bunten Sammelsurium finden Sie sicherlich manches hübsche Mitbringsel für kleine und große Menschen. Außergewöhnlich ist die Mischung im **Siebter Himmel 2,** der zwischen Büchern und Designartikeln auch die Klamotten junger Labels zeigt.

Schnell bei **Madame Miammiam 3** eine exquisite süße Stärkung einwerfen und schon können Sie weiter stöbern. Ausgefallene Namen wie Bob 10.5.10 (Brüsseler Platz 6), La Koelsche Vita – Blutsgeschwister (Brüsseler Str. 82), Erdbeeren im Winter (Antwerpener Str. 18) oder Blauer Montag (Limburger Str. 6) machen neugierig. Neben Mode und Accessoires für Frau und Mann umfasst das Angebot Schuhe, Brillen, Schmuck und sogar Fahrräder. Wer hier nicht das passende Outfit findet, setzt die Einkaufstour südlich der Aachener Straße in der Engelbertstraße fort.

Zuvor aber lohnt ein Besuch im **Museum für verwandte Kunst 4,** eine ausgefallene Galerie für abstrakte Arbeiten. Die beiden ›Museums‹-Macherinnen Pola Bergmann und Jantina Lipphardt laden zu jeder Austellung mehrere Künstler ein, die ein Thema unter verschiedenen Aspekten bearbeiten. Ihr Kunst-Kiosk verkauft Unikate zu erschwinglichen Preisen.

L
LE BLOC

Auf dem *Catwalk* durchs Parkhaus oder durch den Hinterhof – **le bloc** präsentiert Mode an ungewöhnlichen Orten. Zu dem Modefestival an einem Wochenende Anfang/Mitte Juni im Belgischen Viertel kommen nicht nur Designerinnen und Designer aus Köln, sondern aus ganz Deutschland und den Nachbarländern. Wer nicht dabei sein kann, schaut die Website www.lebloc.de an.

UM DIE ECKE

Grüne Lunge des Belgischen Viertels ist der **Stadtgarten.** Wundern Sie sich nicht, wenn in den alten Baumkronen grüngefiederte Exoten krächzen. Die Halsbandsittiche sind hier zu Hause. Tagsüber genießen meist Eltern mit Kleinkindern die älteste Kölner Grünanlage (1827–29) mit dem schönen Baumbestand sowie die ungezwungene Atmosphäre im Biergarten. Abends mutiert der Stadtgarten zur Partylocation und zur Konzertstätte (► S. 107).

Rund um die Piazza – **der MediaPark**

#12

Die Medienmetropole Köln ringt mit Berlin, München und Hamburg um die bundesweite Spitzenposition. Bei der TV- und Filmproduktion hat Köln, so ist immer wieder zu hören, die Nase vorn. Kaum noch lassen sich Passanten – zumindest Einheimische – beeindrucken, wenn Filmteams ganze Straßen absperren und mit wichtigem Getue am Set umherstolzieren.

Um die Medienwirtschaft in Köln anzukurbeln, beschloss der Rat der Stadt 1986, auf dem Gelände des ehemaligen Rangierbahnhofs Gereon einen innovativen Standort für die Branche zu schaffen. Der **MediaPark** war das erste zusammenhängende Neubauviertel, das in Köln nach dem Krieg entstand. Den Entwurf für das räumliche Gesamtkonzept lieferte das kanadische Ar-

Der KölnTurm, in dessen gläserne Haut die Silhouette der Stadt eingraviert ist, wird auch nachts dank einer dynamischen Lichtinstallation zum Blickfang.

INFOS/ÖFFNUNGSZEITEN

Osman30: Im KölnTurm 1, Im Mediapark 8, T 0221 50 05 20 80, www.osman-cologne.de, Reservierung erforderlich, tgl. ab 18.30 Uhr, So Brunch 11–14 Uhr, 3-Gänge-Menü 48 €
KOMED-Haus 4: Im Mediapark 7; **Deutsches Tanzarchiv und Photographische Sammlung,** www.sk-kultur.de, Do–Di 14–19 Uhr, Eintritt jeweils 4,50 €, erm. 2 €, Mo frei; **Akademie für uns kölsche Sproch,** www.koelsch-akademie.de; **Musikfabrik:** www.musikfabrik.eu, Montagskonzerte 20 Uhr, Termine s. Website, Eintritt frei

Cinedom 1: Im Mediapark 1, T 0221 95 19 55 55, http://cinedom.de
Filmhaus Köln 2: Maybachstr. 111, T 0221 22 27 10 99, www.filmhaus.koeln, Kernzeiten Di–Fr 10–15 Uhr
Filmpalette 3: Lübecker Str. 15, www.filmpalette-koeln.de

KULINARISCHES FÜR ZWISCHENDURCH

Das **Maybach** 1 (Maybachstr. 111, T 0221 912 35 98, http://maybach111.de, Mo–Do 12–24, Fr, Sa 12–1, So Brunch 10–15 Uhr, mittags HG ab 8 €) ist der perfekte Ort für eine schöpferische Pause, vor allem wenn der Biergarten geöffnet ist. Die große Wiese vor dem Bahndamm verleiht viel Weitläufigkeit. Eine der schönsten Open-Air-Gastronomien der Stadt!

TRAUMJOB PILOT

Einmal im Cockpit eines Airbus A320 sitzen und durchstarten? Der **Flugsimulator Köln/Bonn** 1 (Im MediaPark 5, T 0800 55 00 92 38, www.yourcockpit.de, ab 87 €) macht's möglich.

Cityplan: C/D 3/4 | **U-Bahn:** Christophstr. oder Hansaring

chitekturbüro Zeidler: Gebäudeblöcke, die wie Tortenstücke um eine zentrale Plaza angeordnet sind, und allem vorgelagert, ein See.

Kommerz und Kultur

Weithin sichtbares Wahrzeichen des MediaParks ist der 148 m hohe **KölnTurm** 1, den der französische Stararchitekt Jean Nouvel konzipierte. Die Aussicht aus luftiger Höhe im 30. Stock des gläsernen Riesens ist leider exklusiv den Gästen des Restaurants **Osman30** vorbehalten. Im Westen flankiert das **NH-Hotel** 1 den Büroturm, an den die **Wohnschleife** 2 anschließt. Den Abschluss bildet das **Umspannwerk** 3, dessen drei zackenförmige Dachhauben bei Dunkelheit futuristisch fluoreszieren. Darüber reckt sich der 266 m hohe **Fernmeldeturm Colonius,** der im Inneren Grüngürtel jenseits des Bahndamms steht.

Der KölnTurm

Rund um die Plaza, die in ihren Maßen der Piazza del Campo in Siena nachempfunden und autofrei ist, arbeiten heute Unternehmen aus den unterschiedlichsten Branchen: von Medien und IT über Handel bis zu Medizin. Dazu kommen Kultur-, Bildungs- und Forschungseinrichtungen sowie Gastronomie- und Unterhaltungsbetriebe.

Das **KOMED-Haus** 4 in **Block 7** dient als Medien-, Kultur- und Veranstaltungsgebäude. Hier präsentiert die Stiftung Kultur der Stadtsparkasse KölnBonn im **Deutschen Tanzarchiv** und in der **Photographischen Sammlung** außergewöhnliche Objekte, darunter die Fotoarbeiten von August Sander sowie von Bernd und Hilla Becher. Wer sich für den Kölner Dialekt interessiert, besucht die Veranstaltungen der **Akademie für uns kölsche Sproch.** Im Erdgeschoss des Gebäudes entwickelt das Ensemble **musikFabrik** ausgefallene Kompositionen. Die Montagskonzerte im Hausstudio stellen ein besonders intimes Musikerlebnis dar. Doch allein wegen der zentralen Halle mit den Zick-Zack-Treppenläufen und gläsernen Aufzügen lohnt es, einen Blick in Block 7 zu werfen.

Große, aus Metall gestaltete Gebäudenummern machen die Orientierung im MediaPark kinderleicht.

Spielräume für Cineasten

Größter Publikumsmagnet an der Plaza ist der **Cinedom** 1, der in 14 Sälen Mainstreamkino in technisch perfekter Qualität zeigt. Vor allem am Abend macht der Kinopalast mit der zentralen riesigen Glasrotunde, in deren Kuppel der nördliche Sternenhimmel leuchtet, Eindruck. Einen Kontrast zu den modernen Glasbauten setzt eine alte Backsteinhalle der Bahn, in der das **Filmhaus Köln** 2 Workshops für den filmischen Nachwuchs und für Profis anbietet. Eingefleischte Kinogänger werden das ambitionierte Programm der **Filmpalette** 3 schätzen, die in zwei kleinen Sälen so manche Rarität präsentiert.

UM DIE ECKE

Einen Steinwurf vom MediaPark entfernt erhebt sich das **Hansahochhaus.** Nach seiner Fertigstellung 1924/25 war der 65 m hohe Stahlbetonskelettbau kurzzeitig das höchste Haus Europas. Hinter den Backsteinmauern hält der **Saturn Musicdome** 1 (Hansaring 97, www.saturn.de, Mo–Sa 10–20 Uhr) mit einer irrwitzigen Auswahl an CDs und DVDs Rekorde.

N NOCH WAS

Die Suche nach dem **Hollywood am Rhein** führt in die Kölner Randbezirke, etwa zur »Lindenstraße« nach Bocklemünd, zum Coloneum in Ossendorf, zum Medienzentrum Ost an der Schanzenstraße in Mülheim oder sogar zu den Hallen und Studios in der Nachbargemeinde Hürth. **Zuschauer** sind bei den Aufzeichnungen vieler Sendungen willkommen. Bei Interesse schauen Sie auf die Website https://tvtickets.de.

13

Grüne Vielfalt – im Kölner Norden

Der Kölner Norden lockt mit viel Natur. Hier laden nicht nur Zoo, Flora und Botanischer Garten zu einer Pause vom Stadtleben ein. Auf alten Festungsmauern verbirgt sich ein verwunschener Rosengarten und ein Skulpturenpark präsentiert zeitgenössische Kunst im Grünen.

Vom Dom aus können Besucher bequem mit dem **Zoo-Express** 1 in den Kölner Norden fahren und dabei zugleich Sightseeing an der Rheinfront machen. Ein Spaziergang durch Zoo und Aquarium ist tagesfüllend, doch rund um den Tierpark locken auch Erlebnisse mit kürzerer Verweildauer.

Tierisch gut

Mit 150 Jahren zählt der **Kölner Zoo** 1 zu den ältesten Tierparks auf dem Kontinent. Heute bietet er etwa 10 000 Tieren ein Zuhause. Besonders

Im Grün des Kölner Nordens kann nicht nur die Seele baumeln.

INFOS/ÖFFNUNGSZEITEN

Kölner Zoo 1 **u. Aquarium** 2: Riehler Str. 173, www.koelnerzoo.de, März–Okt. 9–18, Nov.–Feb. 9–17 Uhr, Eintritt 19,50 €, erm. 14,50 €, 4–12 J. 9 €
Flora 3 **u. Botanischer Garten** 4: Amsterdamer Str. 34, www.freundeskreis-flora-koeln.de, 8 Uhr bis zur Dämmerung (max. 21 Uhr), Eintritt frei
Skulpturenpark Köln 6: Riehler Str./Zoobrücke, www.skulpturenparkkoeln.de, April–Sept. 10.30–19, Okt.–März 10.30–17 Uhr, Eintritt frei
Rheinseilbahn 7: Riehler Str. 180, www.koelner-seilbahn.de, Mitte März–Anfang Nov. tgl. 10–18 Uhr, 4,50 €
Kölner-Wein-Depot/Weinmuseum 1: Amsterdamer Str. 1, www.koelnerweindepot.de; Museum Di–Do 13–17/18 Uhr, Eintritt 5 €; Verkauf Di–Fr 8–19, Sa 8–14 Uhr
Zoo-Express 1: Haltestellen beim Tourist Office und am Zoo, T 0221 709 99 70, www.bimmelbahnen.de, tgl. 9.30–18 Uhr, 4 €, bis 12 Jahre 2 €

KULINARISCHES FÜR ZWISCHENDURCH

In der Flora verbreitet das Gartenrestaurant **Dank Augusta** 1 (Am Botanischen Garten 1a, T 0221 284 84 88, http://dankaugusta.de, März–Okt. tgl. 11.30 bis Sonnenuntergang je nach Witterung) Sommerfeeling pur. Füllen Sie Ihre Picknicktasche und suchen Sie sich dann ein Pätzchen auf der Terrasse. Beliebtes Ausflugslokal in der Riehler Aue ist der Biergarten im ehemaligen **Schwimmbad** 2 (An der Schanz 2a, www.koeln-biergarten.de, März–Okt. Mo ab 15, Di–Sa ab 12, So ab 11 Uhr). Kinder haben jede Menge Platz zum Toben, die riesige Schüssel Pommes reicht für alle. Der Andrang ist entsprechend groß.

Cityplan: E–G 1/2 | **U-Bahn:** Zoo/Flora

stolz sind die Zooleute auf die Nachzucht bedrohter Arten. **Altes Elefantenhaus** (1863) und **Südamerikahaus** (1898/1899) demonstrieren die Anfänge der Zooarchitektur, die die Bedürfnisse der Bewohner weitgehend ignorierte. Anders die modernen Gehege: Im **Elefantenpark** steht den Dickhäutern eine 20 000 m² große Felslandschaft zur Verfügung. Der **Hippodom** wurde einer afrikanischen Flussebene nachempfunden und gibt auch Einblicke in das Leben von Flusspferden und Nilkrokodilen unter Wasser. Weitere Attraktionen sind das **Urwaldhaus** mit den Menschenaffen, der stets von Zuschauern umlagerte **Pavianfelsen** und die putzigen **Erdmännchen.** Planen Sie unbedingt Zeit für das **Aquarium** 2 ein, wo die kleinsten Tiere ganz groß rauskommen.

Aug in Aug mit dem Tiger – Grafitti machen neugierig auf den Zoo.

Vielseitige Botanik

Gegenüber vom Zoo bildet das Blumenparterre der 1864 eröffneten **Flora** 3 mit der zentralen Fontäne und dem Wintergarten einen schönen Blickfang. Nach umfassender Sanierung werden im Belle-Epoque-Palais wieder rauschende Feste gefeiert. Nach Norden setzt sich die Flora im 1914 angelegten **Botanischen Garten** 4 fort. Zahlreiche Baumveteranen tragen zur verwunschenen Atmosphäre des Parks bei. Besonders schön ist ein Spaziergang zur Kamelienblüte im Frühjahr. Die wertvollen Pflanzen aus Tropen und Wüsten sollen demnächst in neuen Gewächshäusern zu bewundern sein.

Der nördlichste Weinberg am Rhein liegt vermutlich auf dem Dach des **Kölner-Wein-Depots** 1. Er ist Teil des informativen **Weinmuseums**, das die Wittlings über dem Verkaufsraum eingerichtet haben. Hätten Sie gedacht, dass Köln im Mittelalter die bedeutendste Weinhandelsstadt nördlich der Alpen war und sogar große Rebgärten innerhalb der Stadtmauern barg? Nach der Weinverkostung bietet sich eine Verschnaufspause im **Rosengarten** an, der versteckt auf der Wallanlage des preußischen **Fort X** 5 liegt.

Zur Auseinandersetzung mit aktueller Bildhauerkunst regt der **Skulpturenpark** 6 an. Er entstand 1997 auf Initiative des Sammlerehepaars Eleonore und Michael Stoffel. Alle zwei Jahre fügen sich auf dem 25 000 m² großen Areal etwa 35 Skulpturen neu zu einem spannenden Arrangement zusammen.

Über den Park schweben lautlos die Gondeln der **Kölner Seilbahn** 7, die seit der Bundesgartenschau 1957 Fahrgäste über den Rhein transportiert – fantastischer Fernblick inbegriffen. Ursprünglich war sie nur für fünf Jahre geplant, aber dann wollten die Kölner sie nicht mehr missen.

Ü ÜBRIGENS

Noch mehr Kunstwerke unter freiem Himmel können Sie im Schlosspark Stammheim im Rechtsrheinischen entdecken. Ein Schloss gibt es zwar nicht, aber der Park ist zauberhaft und verbindet an 75 Stationen Natur und Kunst. Jedes Jahr an Pfingsten werden etwa zwei Dutzend neue Installationen im Rahmen eines Festes vorgestellt. Mit dem Fahrrad sind es rheinabwärts nicht mal 30 Minuten (www.schlosspark-stammheim.koeln).

UM DIE ECKE

Eine Attraktion für Aktive an heißen und kalten Tagen ist der **Lentpark** 2 (Lentstraße 30, T 0221 27 91 80 10, www.koelnbaeder.de, Zeiten s. Website, Bistro Di–Fr 13–19, Sa, So 11–20 Uhr), der Eissport und Schwimmen auf innovative Weise unter einem Dach vereint. Zuschauen ist vom Bistro aus möglich. Im Sommer öffnet zudem ein Naturfreibad.

Schäl Sick ist schick – **am Rheinufer in Deutz**

14

Für echte Kölner soll der Blick vom Deutzer Ufer auf Dom und Altstadt der einzige Grund sein, den Rhein zu überqueren. Sei's drum! Rheinpark und Messe sind schon lange Anziehungspunkte des rechtsrheinischen Stadtteils, die Lanxess Arena hat seinen Freizeitwert weiter gesteigert. Mit der Anlage des Rheinboulevard schwingt die schäl Sick sich nun auf, Kölns neues Vorzeigeviertel zu werden.

Deutzer Brücke und Hohenzollernbrücke spannen den Bogen von der Altstadt nach Deutz am rechten Rheinufer. *Schäl Sick,* schielende oder verkehrte Seite also, heißt es gemeinhin im linksrheinischen Köln. Und in diesem Namen schwingt durchaus Überheblichkeit mit. Dabei blickt auch

Bei Sonne pilgern Einheimische und Besucher zur Freitreppe am Deutzer Rheinufer.

Deutz auf eine fast 2000-jährige Geschichte zurück, besaß bereits ab 1230 vorübergehend den Status einer Stadt und wurde erst 1888 von Köln einverleibt. Der Spitzname soll entstanden sein, als die Schiffe rheinaufwärts von Pferden gezogen werden mussten. Damit sie dabei nicht vom Wasser geblendet wurden, trugen die Tiere Scheuklappen, sodass sie zum rechten Ufer nur hinüber schielen konnten.

Vom Castrum zum Triangle

Die großen Etappen der Geschichte von Deutz sind nördlich des gläsernen **Lanxess Tower** 1 abzulesen. Hier wurden die Rudimente des um das

INFOS/ÖFFNUNGSZEITEN

KölnTriangle Panorama 4: Ottoplatz 1, www.koelntriangle.de, Mai–Sept. 11–23, Okt.–April 12–20, Sa, So ab 10 Uhr, Eintritt 3 €, erm. 2 €, bis 12 J. frei

KULINARISCHES FÜR ZWISCHENDURCH

Hyatt Regency Hotel 1: Kennedy-Ufer 2a, T 0221 828 12 34, https://cologne.regency.hyatt.com; **Biergarten** März–Okt. tgl. 12–22 Uhr bei schönem Wetter, ab 8,50 €; **Bar** tgl. 11–1 Uhr, ab 10 €; **Restaurant** tgl. 11.30–14.30, 18.30–22 Uhr, mittags 2-Gang-Menü 27 €; **Hotel** DZ ab 145 €

Rheinterrassen u. km689 2: Rheinparkweg 1, T 0221 650 04 30, www.rhein-terrassen.de; **Restaurant** Mo–Sa 18–1 Uhr, Chill Out Breakfast So 12–17 Uhr, Okt.–März So, Mo geschl., ab 13 €; **Biergarten** April–Sept. tgl. Mo–Sa ab 18, So ab 12 Uhr, ab 7 €; **Beach Club km689** Mai–Sept. Fr–So ab 12 Uhr bei gutem Wetter, Mindesverzehr 6 €

Lommerzheim 3: Siegesstr. 18, Mi–Mo 11–14.30, 16.30–24 Uhr, um 10 €

bona'me: im Lanxess Tower 1, Kennedyplatz 2, T 0221 94 99 92 52, www.bona-me.de, Mo–Sa 11–24, So 10–24 Uhr, HG ab 10 €) serviert in 1-a-Lage am Rheinufer türkisch-kurdische Spezialitäten. *Mezedes,* knusprige *pide* oder *beyti* kommen bei den Büroangestellten, die mittags in großer Zahl einkehren, gut an.

RELAXEN

Claudius Therme 1: Sachsenbergstr. 1, T 0221 98 14 40, www.claudius-therme.de, tgl. 9–24 Uhr, Tageskarte Mo–Fr 31,50 €, Sa, So 33,50 €

Cityplan: F–H 3–6 | **U-Bahn:** Deutzer Freiheit und Bf Deutz/Messe | **Bus:** 150

Jahr 310 errichteten Römerlagers Castrum Divitia bei Bauarbeiten freigelegt. Hier hält das Kirchlein **Alt St. Heribert** 2 die Erinnerung an die um das Jahr 1000 von Erzbischof Heribert gestiftete Benediktinerabtei wach. Hier erinnert das Kürassier-Denkmal daran, dass Deutz bis 1919 preußische Garnison war. Hier demonstriert der 520 m lange **Rheinboulevard** 3 das neue, moderne Image des Stadtteils. Bis zu 10 000 Schaulustige finden auf der riesigen Freitreppe am Fluss einen Platz und können sich am Blick hinüber zur Altstadt ergötzen.

Das Panorama genießen auch die Gäste des postmodernen **Hotel Hyatt Regency** 1, das mit Biergarten, Schälsick Bar und Glashaus Restaurant für jedes Wetter und jede Tageszeit gewappnet ist. Den umfassendsten Kölnblick offeriert ohne Zweifel das **Köln Triangle Panorama** 4. Im Expressaufzug geht es auf den Büroturm des Landschaftsverbands Rheinland (LVR). Aus rund 103 m Höhe öffnet sich von der Besucherplattform eine 360°-Aussicht auf die Stadtlandschaft und die Rheinschleifen. Bei klarer Sicht sind im Süden die Gipfel des Siebengebirges zu erkennen. Nur die Freeclimber, die regelmäßig an den Pfeilern der **Hohenzollernbrücke** 5 trainieren, scheinen das prominente Panorama mit keinem Blick zu würdigen.

Unmittelbar hinter der Brücke erstrecken sich parallel zum Rheinufer die **Rheinhallen** 6. Die Anfang der 1920er-Jahre errichteten Messebauten ließ der Architekt Adolf Abel zur Ausstellung Pressa 1928 mit Backstein ummanteln. Gleichzeitig erweiterte er den Komplex um den 85 m hohen **Messeturm** 7 und das halbrunde **Staatenhaus** 8. In den Rheinhallen hat RTL ein attraktives neues Domizil gefunden. Das Staatenhaus dient bis auf Weiteres als Interimsquartier der Kölner Oper. An die unrühmliche Nutzung der Messebauten als Außenlager des KZ Buchenwald erinnern eine Bronzetafel am Turm und ein Gedenkstein an der Promenade: Von hier wurden die Juden Kölns in den Osten deportiert.

Sundowner mit Rheinblick

Nördlich des Messeturms erstreckt sich bis zur Zoobrücke eine vielseitige Freizeitlandschaft. Die **Rheinterrassen** und **km689** 2 laden gleich zu

Lassen Sie sich von der abbruchreifen Fassade nicht abschrecken! Das Lommerzheim 3 ist Kult und seit Kriegsende – zumindest außen – nicht mehr verändert worden. Sogar ein Bildband dokumentiert den konservierten Verfall. Innen wurde behutsam modernisiert und es fließt Päffgen-Kölsch aus dem Zapfhahn. Legendär sind auch die Koteletts. Im Schankraum herrscht eigentlich immer drangvolle Enge. Etwas ruhiger geht es im neu eingerichteten Gewölbekeller zu. Neu ist auch der Biergarten hinterm Haus.

Beginn zu kleinen Fluchten ein. Im gemütlichen Strandkorb oder auf den bequemen Strandbetten ist der Alltagsstress schnell vergessen. Für das Mallorcafeeling werden im Beach Club am Rheinkilometer 689 zu Saisonbeginn 1100 t feinster Sand aufgeschüttet.

Besondes romantisch wird es im Beach Club km689, wenn im Linksrheinischen die Lichter angehen.

Im Hintergrund macht der **Tanzbrunnen** 1 mit kühn geschwungenen Zeltdächern auf sich aufmerksam. Während der Open-Air-Saison finden hier Konzerte und Märkte aller Art statt. Kultstatus genießt Linus' Talentprobe, bei der ambitionierte Amateursänger ein gnadenloses Publikum zu überzeugen suchen. In der kalten Jahreszeit werden die Kulturevents ins Theater am Tanzbrunnen verlegt.

Eine grüne Oase für geplagte Stadtmenschen ist der über 40 000 m^2 große **Rheinpark.** 1957 und 1971 wurde das Erholungsgebiet zwischen Messe und Zoobrücke zur Bundesgartenschau herausgeputzt. Wer mit Kindern in Köln unterwegs ist, wird sich über den großen Spielplatz freuen. Abwechslung bietet auch die Miniatureisenbahn, die im Park gemächlich ihre Runden dreht.

Wunderbar relaxen können Erwachsene in der **Claudius Therme** 1 in wohltemperiertem Heilwasser. Die luxuriöse Badelandschaft mit großem Außenbereich bietet als Clou den Blick auf den Dom. In der attraktiven Saunawelt darf auf vielerlei Art geschwitzt werden.

Neben der Therme laden die Gondeln der **Rheinseilbahn** 9 (► S. 69) zur Flussüberquerung ein. Von hier fährt aber auch ein Bus zur Messe. Wer noch nicht müde ist, flaniert weiter durch den Jugendpark immer am Rhein entlang bis Mülheim.

UM DIE ECKE

Eines der neueren Wahrzeichen des rechtsrheinischen Köln ist die **Lanxess Arena** 2 (Deutz-Kalker Str., www.lanxess-arena.de). Den transparenten Baukörper überspannt ein 65 m hoher Stahlbügel, der der Veranstaltungshalle eine markante Silhouette verleiht und ihr zu dem Spitznamen ›Henkelmännchen‹ verholfen hat. Bei Sportereignissen, Shows und Konzerten finden im gigantischen Oval bis zu 18 000 Zuschauer Platz.

Hol über Fährmann! – **Radtour rheinauf und rheinab**

15

Die Treidelpfade längs des Rheins laden dazu ein, die Flusslandschaft zu erkunden. Im Stadtgebiet ermöglichen dabei mehrere Brücken den Wechsel von Ufer zu Ufer, während außerhalb das ›Krokodil‹ Fußgänger und Radfahrer übersetzt. Auf dem Ausflug werden Sie manches Mal die Nähe der Großstadt komplett vergessen.

An sonnigen Wochenenden herrscht auf den Uferwegen am Rhein reger Betrieb, denn auf dem Fluss gibt es immer etwas zu sehen: tuckernde Frachter und riesige Flusskreuzfahrer, Ausflugsschiffe und Ruderboote. Das **Altstadtufer** 1 (► S. 33) ist ideal als Ausgangspunkt für eine Radtour. Sie können aber auch von hier bis Rodenkirchen spazieren und mit dem Boot zurückfahren.

Grenzenloses Tollen und Spielen – auf den Poller Wiesen ist genügend Platz.

Auf einer Radtour entlang der Flussufer demonstrieren die sieben Kölner Rheinbrücken eindrucksvoll die vielfältigen Möglichkeiten der Brückenkonstruktion. Besonders markant ist die Severinsbrücke mit ihrem 77 m hoch aufragenden A-förmigen Pylon. Den ersten festen Rheinübergang in Köln bauten die Römer. Nach dessen Zerstörung wagte die Handelsmetropole bis 1855 keinen Brückenschlag mehr. Unvorstellbar!

Die Alte Liebe am Strom

Vorbei an den Schiffsanlegestellen und dem **Rheinauhafen** 2 (► S. 52) geht es flussaufwärts zur **Rodenkirchener Brücke** 3, wo die **Alte Liebe** 1 – fein herausgeputzt im rot-weißen Blockstreifengewand – zu einer ersten Pause einlädt. An Sommersonntagen findet man hier nur mit Mühe einen Platz an Deck. Ebenso umlagert sind die Terrassen der Ausflugslokale am Ufer. Über dem Trubel wacht die weiß getünchte **Maternuskapelle** (11. Jh., im 15. und 17. Jh. erweitert) auf einem Basaltsockel am Rheinufer.

Weiter rheinaufwärts locken an der **Rodenkirchener Riviera** 4 Uferwiesen und kleine Sandbuchten zum Picknicken und Sonnen. Manch einer nimmt hier sogar wieder ein Bad im Rhein. Leichtsinnig! Die Wasserqualität mag ja passabel sein, Strömung und Strudel bergen jedoch lebensgefährliche Risiken.

Ein Krokodil im Rhein?

Im **Weißer Rheinbogen** 5 taucht der Uferweg in das lichtdurchflutete Grün der hoch aufragenden Pappeln ein. Dieses Stückchen Rheinschleife hat das Zeug, irgendwann wieder einmal ein echter Auenwald zu werden. Am Ortsrand von Weiß, das ebenso wie Rodenkirchen exklusives Wohnen am Strom bietet, warten das **Krokodil** und **Krokolino** 1 auf Spaziergänger und Fahrradfahrer, die ans andere Ufer übersetzen möchten.

Im Rechtsrheinischen legen die Fähren an der **Zündorfer Groov** 6 an. Diese frühere Rheininsel ist mit Minigolfanlage und Kahnverleih, Freibad und Jachthafen ein kleines Freizeitparadies. Zur Groov hin öffnet sich **Zündorf** mit dem von alten Fachwerk- und Backsteinhäusern gesäumten Marktplatz, der Gelegenheit zur nächten Rast bietet.

Stromabwärts folgt der Radweg dem langgezogenen **Porzer Rheinbogen** 7. Faszinierend ist der weite Blick über den Rhein, der manchen ›Anrheiner‹ dazu bewog, gefährlich nah am Ufer zu bauen. Das neue Hochwasserschutzkonzept Kölns bietet hier inzwischen Sicherheit bis zu einer Pegelhöhe von 11,90 m. Das sollte genügen! Im Rahmen der Schutzmaßnahmen wurde das ehemalige Militärgelände in der **Westhovener Aue** 8 dem Rhein bei steigendem Wasser als Auslauffläche überlassen.

Auf dem Rhein ist immer was los

Neues Wohnen am Strom

Schon bald rücken die Pylone der **Rodenkirchener Brücke** und die Kölner Silhouette ins Blickfeld. Besonders hübsche Impressionen ergeben sich, wenn auf den **Poller Wiesen** 9 die Drachenfans ihre bunten ›Vögel‹ steigen lassen oder Schäfer ihre Herden weiden. Hinter der **Südbrücke** 10 führt der Radweg am **Deutzer Hafen** 11 vorbei, dessen Verwandlung in ein attraktives, aber erschwingliches Wohn- und Arbeitsquartier beschlossen ist. Weiter geht's über die **Drehbrücke** und am Ufer entlang bis zur **Deutzer** oder zur **Hohenzollernbrücke.** Beide bieten sich an, um zum Ausgangspunkt zurückzukehren.

Wer noch genügend Puste hat, radelt weiter durch den **Rheinpark** 12 (► S. 74) flussab und unter der **Zoobrücke** 13 hindurch zum **Mülheimer Hafen** 14. Die alten Industrieareale an seiner Ostseite bieten Stadtplanern und Investoren noch jede Menge Potenzial. Einige Fabrikhallen und Verwaltungsgebäude werden bereits heute kreativ genutzt. Über die **Mülheimer Brücke** 15 erreichen Sie die **Riehler Aue** links des Rheins. Die Domtürme weisen von hier den Weg zurück.

H
HOCHWASSER

Die Kapriolen des Rheins sind an mehreren Hochwassermarken am Weg abzulesen. Bei der schlimmsten Flut aller Zeiten 1784 stieg der Fluss in der Altstadt auf 13,55 m an. In Köln und Mülheim verloren 63 Menschen ihr Leben. Auch Westhoven stand unter Wasser, die Markierung unter dem Dach der **Nikolauskapelle** am Ortsrand zeigt es.

INFOS/ÖFFNUNGSZEITEN

Streckeninfo: Ca. 35 km, 3 Std. (ohne Pause), verkürzt 26 km, 2 Std., www.radroutenplaner.nrw.de, Radverleih u. a. bei der Radstation (► S. 112)

Fähre Weiß-Zündorf 1: T 02236 683 34, www.faehre-koelnkrokodil.de, April–Sept. Mo–Fr 11–19, Sa, So 10–20 Uhr, März, Okt. Sa, So 10 Uhr bis Sonnenuntergang, ca. alle 20 Min.

KULINARISCHES FÜR ZWISCHENDURCH

Alte Liebe 1: Rodenkirchener Leinpfad, T 0221 39 23 61, www.bootshaus-alte-liebe.de, im Sommer tgl. ab 11, im Winter Di–Fr ab 12, Sa, So ab 11 Uhr, Gerichte ab 10 €

Platzhirsch am Marktplatz in Zündorf ist die **Groov Terrasse** 2 (Am Markt 4, T 02203 855 44, http://groov-terrasse.de, Mo, Mi–Fr 11–1, Sa, So ab 12 Uhr, ab 12 €). Ihr Angebot reicht von Steaks über Salate bis Kuchen.

EINTRITTSKARTEN *in eine andere Welt ...*

Neben RGM und Ludwig (▶ S. 25), Wallraf (▶ S. 40) und Kulturquartier (▶ S. 42) sind dies meine Favoriten:

UND JETZT ENTSCHEIDEN SIE!

Kolumba – Kunstmuseum des Erzbistums Köln
Mi–Mo 12–17 Uhr
5/3 €

Allein das ausgefallene Museumsgebäude (s. Foto) des Schweizer Stararchitekten Peter Zumthor lohnt den Besuch. Die strenge Raumgestaltung bringt die Objekte sakraler Kunst besonders gut zur Geltung.
Karte 2, D 5, www.kolumba.de

JA NEIN

Makk – Museum für Angewandte Kunst
Di–So 11–17, 1. Do im Monat 11–22 Uhr
6 /3,50 €

Der silberne Flügeltüren-Mercedes 300 SL im Foyer macht neugierig auf die Sammlung, die neben europäischem Kunsthandwerk mit zeitgenössischem Industriedesign aufwartet.
Karte 2, D/E 5, www.museenkoeln.de/museum-fuer-angewandte-kunst

JA NEIN

Mok – Museum für Ostasiatische Kunst
Di–So 11–17, 1. Do im Monat 11–22 Uhr
7,40 /4 €

Hier können Sie den größten Bestand von Ostasiatika in Deutschland entdecken. Ein Zen-Garten und die Terrasse am Aachener Weiher machen den Ausflug nach Fernost perfekt.
A 6, www.museum-fuer-ostasiatische-kunst.de

JA NEIN

Kölnisches Stadtmuseum – Zeughaus
Di 10–20, Mi–So 10–17, 1. Do im Monat 10–22 Uhr
5/3 €

Unter den Fittichen eines merkwürdigen goldenen Flügelwesens beleuchtet Köln in der früheren städtischen Waffenkammer seine Geschichte seit dem Mittelalter in all ihren Facetten.
Karte 2, D 5, www.museenkoeln.de/koelnisches-stadtmuseum

JA NEIN

Odysseum Köln

Di–Fr 9–18, Sa, So 10–19 Uhr
16 €/8 €

JA NEIN

Im rechtsrheinischen Kalk wird Wissenschaft zum Abenteuer. Bei den 150 Erlebnisstationen für unterschiedliche Altersstufen von 4–99 Jahre sind Anfassen, Experimentieren und Spielen ausdrücklich erwünscht.

östl. H 5, www.odysseum.de

Artothek – Raum für junge Kunst

Di–Fr 13–19, Sa 13–16 Uhr
Eintritt frei

JA NEIN

Ein ungewöhnliches Konzept: Im spätgotischen Haus Saaleck können Kölner Bürger Kunstobjekte ausleihen. Ausstellungen rücken die junge Kunst in den Fokus.

Karte 2, E 5, www.museenkoeln.de/artothek

Kölner Karnevalsmuseum

In der Regel 1. Sa im Monat 10–16 Uhr (im Internet checken)
6/4 €

JA NEIN

Wer die fünfte Jahreszeit nicht miterleben kann, erhält hier zumindest viele Informationen über den *Fasteleer* bzw. *Fastelovend.* Den ›Spass an d'r Freud‹ vermitteln Multimediaspots und kölsche O-Töne.

westl. A 5, www.kk-museum.de

Barbarastollen

Besichtigung und Führung nach Voranmeldung unter drmfaust@netcologne.de

JA NEIN

Vermutlich das unbekannteste Museum Kölns. Das Schaubergwerk unter der Aula der Kölner Universität dokumentiert die Arbeit unter Tage und die daraus resultierenden gesundheitlichen Schäden der Bergleute.

A 7, www.universitaetssammlungen.de

Duftmuseum im Farina-Haus

Führungen jeweils zur vollen Stunde Mo–Sa 10–18, So 11–16 Uhr, Anmeldung erforderlich, ab 5 €

JA NEIN

Ab 1709 destillierte Johann Maria Farina gegenüber dem Gülichplatz ein Heil- und Duftwasser, das als Eau de Cologne Weltruhm erlangte. Im Museum erfahren Sie alles über die heute älteste Parfümfabrik der Welt.

Karte 2, E 5, www.farina.eu

Kölner Museumslandschaft

In den Kölner Kunstsammlungen sind Exponate aus allen Epochen und Stilrichtungen zu sehen: von römischen Prunkgläsern über mittelalterliche Tafelmalerei und Ostasiatika bis zu Pop Art, Fotografie und Design. Gleich mehrere Museen dokumentieren das Leben in Köln, von römischen Tagen bis zur NS-Zeit. Daneben hält Kölns Museumspalette natürlich auch leichtere Kost bereit: ob Schokolade oder Karneval, Sport oder Science. Mit Ostasiatischem Museum (Architekt: Kunio Maekawa, 1977) und Museum Ludwig (Busmann/Haberer, 1986), dem Wallraf-Richartz-Museum (Oswald Mathias Ungers, 2001) und Kolumba (Peter Zumthor, 2007) verfügt die Stadt darüber hinaus über anspruchsvolle Museumsarchitekturen. Die reichen Kunstsammlungen, ebenso wie die Lebensart in der Domstadt, bieten einen guten Nährboden für künstlerische Aktivitäten. Die aufgesprühte Banane von Thomas Baumgärtel weist den Weg zu Ateliers und Galerien. Die ganze Vielfalt der Kunst- und Kulturschätze Kölns können Sie bei der Langen Nacht der Museen Anfang November erleben. Über das Kunstgeschehen allgemein informieren beispielsweise die Ausstellungen im Kölnischen Kunstverein oder in der Artothek sowie die Messen Art Cologne, art.fair und Cologne Fine Art.

TIPPS FÜR DEN BESUCH DER KÖLNER MUSEEN

Welche Museen gibt es überhaupt und wo sind sie zu finden? Welche Ausstellungen laufen während meines Besuchs? Gibt es spezielle Führungen? Antworten auf all Ihre Fragen finden Sie auf der Website **www.museenkoeln.de.** Vergünstigungen gibt die **MuseumsCard.** Sie berechtigt zum Besuch der städtischen Sammlungen samt Sonderausstellungen an zwei aufeinanderfolgenden Öffnungstagen sowie zur Nutzung der öffentlichen Verkehrsmittel am ersten Gültigkeitstag ab 9 Uhr (single 18 €, family 30 €, online bei www.koelnticket.de). Beachten Sie bei Ihrer Planung, dass die städtischen Museen montags geschlossen bleiben und dass am KölnTag, dem ersten Donnerstag im Monat, die Kölner freien Eintritt zu den ständigen Sammlungen haben.

Tafelbilder vor blauem Grund – die Mittelalterabteilung im Museum Wallraf

Umgürtet – Stadtbefestigungen

Ob Römer, mittelalterliche Stadtherren oder Preußen, sie alle zogen eine Befestigung um Köln. Von allen Anlagen zeugen heute nur wenige Überbleibsel. Meist rissen die Kölner die Bollwerke selbst ein, um Platz für die expandierende Stadt zu gewinnen.

Solide

Ubiermonument 🕮 Karte 2, E 6

Der vermutlich älteste römische Steinbau nördlich der Alpen liegt verborgen im Keller eines Wohnhauses nahe dem Heumarkt. Es handelt sich um die Reste eines mindestens 12 m hohen Wachturms, der kurz nach der Zeitenwende an der Südostecke des römischen Oppidum Ubiorum, vielleicht als Einfahrt zum Hafen, errichtet wurde.

An der Malzmühle 1, http://roemisch-germanisches-museum.de/Ubiermonument, U: Heumarkt, 1. Do im Monat 14–17 Uhr, Eintritt frei

Ziegelmosaik

Römerturm 🕮 Karte 2, C/D 5

Um 50 n. Chr. wurde das ca. 1 km² große römische Siedlungsgebiet mit einer Befestigung umfriedet, die neun Tore und 21 Türme aufwies. Fast unbeschadet überdauerte der **Römerturm** (um 50 n. Chr.), der die Nordwestecke der CCAA sicherte, die Jahrhunderte. Im Mittelalter diente der Rundturm aus interessant gestaltetem Ziegelmauerwerk dem Klarenkloster als Latrine. Neben einigen Mauerabschnitten ist von der römischen Stadtbefestigung auch das Nordtor (► S. 26) erhalten.

Zeughausstr. 13, U: Friesenplatz, keine Innenbesichtigung

Abbild des Himmlischen Jerusalem

Mittelalterliche Stadtmauer

🕮 D–F 3, C 4–8, D–F 8/9

Zwischen 1180 und 1250 wurde eine mächtige Stadtmauer um Köln gezogen. Mit über 5 km Länge und 7 m Höhe war sie die gößte Befestigung in Europa. Ein Dutzend Torburgen – genauso viele wie im Himmlischen Jerusalem – kennzeichneten die weltliche Stadt als Abbild der himmlischen. Als sich die Bevölkerung im Zuge der Industrialisierung verdreifachte, platzte Köln aus allen Nähten. Nach langen Diskussionen ließen die Stadtväter das staufische Bollwerk 1881 schleifen und über dem aufgeschütteten Befestigungsgraben nach Wiener Vorbild einen prächtigen Ringboulevard anlegen. Nur einige Teilstücke und Tore der mittellaterlichen Stadtmauer blieben zur Erinnerung stehen, darunter die **Eigelsteintorburg** im Norden, der **Gereonsmühlenturm** am Hansaring, die etwa 1240 fertiggestellte **Hahnentorburg** im Westen, weiter südlich der **Sachsenturm,** die **Ulrepforte,** die **Severinstorburg** (► S. 57) und die **Bottmühle.** Am Rheinufer wacht der **Bayenturm** (► S. 54). Flussabwärts steht eingeklemmt zwischen modernen Bauten ein Überbleibsel der Kunibertstorburg, **Weckschnapp** genannt.

U: Ebertplatz, Rudolfplatz, Ulrepforte, Chlodwigplatz, Ubierring

Bollwerk im Westen

Preußisches Zwischenwerk VIII b

🕮 Karte 3

Zwischen 1815 und 1891 entstand die Preußische Festung Cöln mit dem Inneren und Äußeren Festungsgürtel. Von den zwölf Forts und 23 Zwischenwerken wurden nach dem Ersten Weltkrieg einige in die Grüngürtel integriert. Im Zwischenwerk VIII b dokumentiert das Festungsmuseum die Geschichte des preußischen Bollwerks.

Militärringstr. 10, http://museum.crifa.de, 1. Sa und 3. So im Monat 12–18 Uhr, Eintritt frei

Sancta Colonia – romanische Kirchen

Heiliges Köln *(Sancta Colonia)*, so wurde Köln bereits um 1050 gerühmt. Erzbischof Bruno hatte mit imponierenden Kirchenbauten ein Kreuz über die Stadt geschlagen, unter seinen Nachfolgern kam ein Kranz aus weiteren Gotteshäusern hinzu. Zwölf der romanischen Kirchen überdauerten die Zeit, erst die Bomben des Zweiten Weltkriegs legten sie in Schutt und Asche. Doch 1985 konnte ihr Wiederaufbau gefeiert werden.

Blickfang am Rheinufer

Groß St. Martin Karte 2, E 5

Die Stiftskirche zu Ehren des hl. Martin entstand vermutlich zwischen 1150 und 1240. Mit einem großartigen Kleeblattchor und dem mächtigen Vierungsturm setzte Groß St. Martin einen triumphalen Akzent an der Rheinfront und bestimmte bis zur Vollendung des Doms die Stadtsilhouette.

An Groß St. Martin 9, http://jerusalem.cef.fr/de/koeln-gross-sankt-martin, U: Alter Markt, Di–Sa 9.30–19.30, So 13–19.15 Uhr

Die Dominikanerkirche

St. Andreas Karte 2, D/E 5

Der achteckige Vierungsturm der Andreaskirche konkurriert mit den benachbarten Domtürmen. Während Westbau und Langhaus romanischen Ursprungs sind, wurde der Chor im 15. Jh. im spätgotischen Stil errichtet. In der Krypta fand der Kirchengelehrte und Dominikaner Albertus Magnus seine letzte Ruhestätte.

Andreaskloster, www.sankt-andreas.de, U: Dom/Hbf, Mo–Fr 7.30–18, Sa, So 8–18 Uhr

Nach Westen gerichtet

St. Aposteln Karte 2, C 6

Ab Mitte des 11. Jh. wurde am Stadtrand am Beginn der Fernstraße nach Aachen die Grabeskirche von Erzbischof Pilgrim errichtet und mit einem festungsartigen Westturm gesichert. Um 1200 erhielt der Bau zur Stadt hin eine neue vielgliedrige Schaufassade mit Kleeblattchor, gedrungenem Vierungsturm und schlanken, hohen Chorflankentürmen.

Apostelnkloster, www.st-aposteln.de, U: Neumarkt, tgl. 10–13, 14–17 Uhr

Der Kunst gewidmet

St. Cäcilien Karte 2, D 6

Die Pfeilerbasilika entstand zwischen 1130 und 1160 auf den römischen Thermen als Gotteshaus für einen Damenstift. Unter den Franzosen diente sie als Kapelle des ersten öffentlichen Kölner Krankenhauses und seit 1956 als Ausstellungsort für die Sammlung Schnütgen (► S. 43).

Cäcilienstr. 29, www.museum-schnuetgen.de, U: Neumarkt, Di–So 10–18, Do 10–20, 1. Do im Monat 10–22 Uhr, Eintritt 6 €

Klein und gedrungen

St. Georg Karte 2, E 7

Am nördlichen Ende der Severinstraße erinnert St. Georg mit trutzigem, turmlosem Westbau (um 1180) eher an eine Burg. Es ist die einzige erhaltene Säulenbasilika im Rheinland (11. Jh.). In ihrem Innern birgt sie ein sehenswertes Gabelkreuz (14. Jh.) und einen Fensterzyklus von Jan Thorn-Prikker (1930).

Am Waidmarkt, www.georg-koeln.de, U: Severinstr., tgl. 9–17 Uhr

Beeindruckender Kuppelbau

St. Gereon Karte 2, C 4

Mit dem Dekagon aus dem 13. Jh., das von einer gewaltigen Kuppel überspannt wird, muss die Grabeskirche des Stadtpatrons Gereon (► S. 49) den

Vergleich mit der Hagia Sophia und dem Florentiner Dom nicht scheuen.
Gereonshof 4, www.stgereon.de, U: Christophstr., Mo–Fr 10–18, Sa 10–17.30, So 13–18 Uhr

Kostbare Fenster
St. Kunibert E 4
Die jüngste der romanischen Kirchen, deren Langhaus und Westquerschiff 1247 geweiht wurden, zeigt zum Rhein hin eine schön gestaltete Ostapsis, über die eine Dreiturmgruppe harmonisch aufragt. Den Chor schmückt ein original erhaltener Fensterzyklus von 1226.
Kunibertskloster, www.st-kunibert-koeln.de, U: Dom/Hbf, Mo–Sa 10–13, 15–18, So 15–18 Uhr

Vorbildfunktion
St. Maria im Kapitol Karte 2, E 6
Die Kirche wurde im 11. Jh. auf den Ruinen des Kapitoltempels errichtet. Sie erhielt die erste monumentale Dreikonchenanlage (Kleeblattchor) des Abendlandes, die in Köln Maßstäbe für Groß St. Martin und St. Aposteln setzte.
Kasinostr. 6, www.maria-im-kapitol.de, U: Heumarkt, Mo–Sa 9–18, So 12–18 Uhr

Mittelalterliche Fresken
St. Maria Lyskirchen Karte 2, E 6
Die kleinste der romanischen Kirchen Kölns (1210–20) wurde im Krieg am wenigsten zerstört und konnte Gewölbemalereien aus der Mitte des 13. Jh. bewahren. In der Weihnachtszeit gibt die Milieukrippe ein authentisches Bild vom Leben in der Pfarre im Wandel der Zeiten.
An Lyskirchen 8, www.lyskirchen.com, U: Heumarkt, Mo–Sa 10–18, So 10–16 Uhr

Machtdemonstration
St. Pantaleon Karte 2, D 7
Einen frühen Höhepunkt mittelalterlicher Baukunst markierte im 10. Jh. St. Pantaleon. Die Klosterkirche ist ein glanzvolles Zeugnis der ottonischen Kaiserzeit. Die monumentale Dreiturmgruppe des Westwerks steht vor allem für den Anspruch, die Macht des Reiches in imposanten Kirchenbauten zu demonstrieren. Wichtigstes Ausstattungsstück ist der spätgotische Lettner (1502–14) mit filigranem Maßwerk.
Am Pantaleonsberg 6, www.sankt-pantaleon.de, U: Barbarossaplatz, Mo–Sa 9–17, So 12–17 Uhr

Veedelskirche
St. Severin E 8
Spätromanische und gotische Bauformen (13.–16. Jh.) verschmelzen in der Kirche des hl. Severin miteinander. Sie wurde am südlichen Stadtrand über einem antiken Gräberfeld erbaut und hat ihren Ursprung möglicherweise in einem Kultbau des 4. Jh. Ein Bilderzyklus im Hochchor erzählt die Severinslegende.
Severinskirchplatz, www.sankt-severin.de, U: Chlodwigplatz, wegen Renovierung bis voraussichtlich Mitte 2017 nicht zugänglich

Ein markanter Blickfang am Rhein – der Vierungsturm von Groß St. Martin

Monumentaler Reliquienschrein
St. Ursula D 4
Die Emporenbasilika aus dem 12. Jh. umhüllt den Schrein der Stadtpatronin Ursula (► S. 50), deren Geschichte 1456 auf 19 Holztafeln bildnerisch dargestellt wurde. Ihre vermeintlichen Gebeine und die weiterer 11 000 gemarterter Jungfrauen bilden in der Goldenen Kammer einen skurilen Wandschmuck.
Ursulaplatz 30, www.heilige-ursula.de, Do–Sa 10–12, 15–17 (Mi bis 16.30), So 15–16.30 Uhr; Goldene Kammer Eintritt 2 €, erm. 1 €

Pause. Einfach mal abschalten

Die Kölner Parks tragen keine prominenten Namen: Sie heißen wenig verheißungsvoll Grüngürtel oder sachlich-funktional Volksgarten und Stadtwald. Dabei brauchen Sie den Vergleich mit ihren berühmten Verwandten in anderen Städten nicht zu scheuen. Obendrein schenkt der Rhein den Kölnern viele Möglichkeiten für kleine Alltagsfluchten, ob auf dem Wasser oder an den Ufern. Der gestresste Stadtmensch findet aber nicht nur im Kölner Grün Oasen für eine Pause.

Open-Air-Bühne der Südstadt

Volksgarten C/D 9

Der knapp 14 ha große Park mit altem Baumbestand und **Kahnweiher** wurde zwischen 1887 und 1889 im Zuge der Neustadtbebauung auf dem Gelände des preußischen **Forts IV** angelegt. Große Liegewiesen bieten Platz zum Chillen und Spielen, für die Grillparty oder den Kindergeburtstag – ganz so wie im »Volksjadeleed« von den Bläck Fööss besungen. Fast immer werden irgendwelche Performances geboten: mehr oder minder geschickte Jonglierkünste, Akrobatik auf der Slackline oder Straßenmusik. Wer kein Picknick dabei hat, versorgt sich am Kiosk des **Biergartens.** Am Rande des Parks finden in der verwunschen wirkenden **Orangerie** innovative Theater- und Tanzaufführungen sowie Konzerte statt. Das Pendant des Volksgartens im Norden heißt übrigens Stadtgarten (► S. 64).

Eifelplatz/Volksgartenstr., U: Eifelplatz; Orangerie, Volksgartenstr. 25, U: Ulrepforte, www.orangerie-theater.de

Glanzstück des Inneren Grüngürtels

Aachener Weiher A 6

Als nach dem Ersten Weltkrieg die Preußische Festung Cöln geschleift werden musste, beauftragte Oberbürgermeister Konrad Adenauer den Stadtplaner Fritz Schuhmacher, den doppelten Festungsgürtel in ein grünes Erholungsgebiet umzuwandeln. Die Ausgestaltung oblag Gartendirektor Fritz Encke. Seither umschließt der 7 km lange Innere Grüngürtel die Innenstadt von der Zoobrücke bis zur Universität. Sein Kernstück ist der quadratische Aachener Weiher, der im Sommer vor allem zur Spielwiese von Studierenden der nahen Uni wird. Natürlich gibt es einen **Biergarten.** Noch schöner sitzt es sich allerdings am Westufer des Weihers im **Café des Ostasiatischen Museums** (► S. 78). Ruhe aus der Bewegung schöpfen, dazu ist ein Spaziergang entlang des **Lindenthaler Kanals** ideal, der die Verbindung zum Stadtwald und Äußeren Grüngürtel herstellt – besonders schön im Frühjahr zur Kastanienblüte oder im Herbst, wenn sich das Laub verfärbt. Vom Aachener Weiher aus führen Wege zur Uni oder in die andere Richtung zum MediaPark. Wundern Sie sich nicht über die Hügel im sonst flachen Stadtrelief. Sie bestehen aus den Trümmern des Zweiten Weltkriegs – verborgen von viel Grün.

Aachener Str./Universitätsstr., U: Universitätsstr.

Viel Wasser

Stadtwald Karte 3

Der Park wurde bereits 1895 auf dem Gelände des Guts Kitschburg in **Lindenthal** angelegt, nach und nach mehrfach erweitert und später in den Äußeren Grüngürtel einbezogen. An seinen drei **Weihern** und **Wasserkanälen** lassen sich viele idyllische Plätzchen finden. **Jogger** können ihr Laufprogramm

Rauf aufs Rad und ab ins Kölner Grün!

immer wieder variieren. Kinder lieben den **Tierpark mit Streichelzoo** und den **Spielplatz.** Mehrere **Cafés** laden an den Rändern zur Einkehr ein, etwa der schicke **Club Astoria** am **Adenauer Weiher** in unmittelbarer Nachbarschaft des RheinEnergieStadions.

Stadtwaldgürtel, U: Dürener Str./Gürtel

Grüne Zange

Äußerer Grüngürtel 🕮 Karte 3

12 km lang erstrecken sich die Grünflächen auf dem ehemaligen preußischen Festungsring am äußeren Stadtrand zwischen **RheinEnergie Stadion** und **Rodenkirchener Brücke.** Freizeitspaß garantieren weitläufige Liegewiesen, zahlreiche Grillplätze, Spielplätze, Sportanlagen, Ausflugslokale und der langgestreckte **Decksteiner Weiher,** der sogar als Regattastrecke dient. An seinem Südende liegt das **Geißbockheim** samt Trainingscamp des 1. FC Köln. Radfahrern und Spaziergängern weist die Kölner Grüngürtel App den Weg einmal rund um ganz Köln (63 km).

Militärringstr., www.koelner-gruen.de

Strandfeeling auf dem Parkdeck

SonnenscheinEtage 🕮 Karte 2, D 6

Auf Straßenniveau empfängt Parkhaus-Tristess mit benzingeschwängerter Luft, doch das ist schnell vergessen, sobald sich die Aufzugtür zur 15. Etage öffnet: feiner Sand, Palmen, locker verstreut Liegestühle und die Domtürme zum Greifen nah. Getränke und Snacks gibt es an der Bar. *Summer in the City* von seiner schönsten Seite.

An St. Agatha 19–25, www.sonnenscheinetage.de, Mo–Fr 15–24, Sa 12–24, So 13–24 Uhr (wetterabhängig), Eintritt 4 €

Die Hektik bleibt draußen

Antoniterkirche 🕮 Karte 2, D 6

Einen Hort der Stille mitten im Geschäftstrubel der Schildergasse finden Sie unter dem spitz aufragenden Turm der kleinen dreischiffigen Gewölbebasilika. Sie wurde Mitte des 14. Jh. von Brüdern des Antoniterordens erbaut und versteht sich als »Schaufenster der Evangelischen Kirche Köln«. Sie sind nicht gläubig? Das macht gar nichts, Beten ist hier keine Pflicht. Viele Passanten schauen nur rein, um einen Moment abzuschalten. Im linken Seitenschiff hängt die Bronzefigur »Der Schwebende« von Ernst Barlach, der die Gesichtszüge von Käthe Kollwitz trägt und an die Toten beider Weltkriege erinnert. Freitagabends um 18 Uhr ist im Rahmen der ›KirchenTöne‹ ein knapp einstündiges Konzert geistlicher Musik zu hören (Spende erbeten).

Schildergasse 57, www.antonitercitykirche.de, Mo–Fr 11–19, Sa 11–17, So 11–17.30 Uhr

Schnarchen wie die Monarchen

Das wird nach der Wiedereröffnung des Dom Hotels – vermutlich 2018 – wieder möglich sein. In dem Ende des 19. Jh. in spätwilhelminischem Prunk erbauten Grand Hotel bettete nicht nur Ihre Kaiserliche Majestät Wilhelm II. sein Haupt zur Ruhe, sondern viele illustre Persönlichkeiten nach ihm. Die exklusive Aussicht auf den Dom gibt es allerdings nicht zu Schnäppchenpreisen.

Mit historischem Ambiente können mehrere Nobelherbergen in Köln punkten, u. a. der Wasserturm, das Stadtpalais im ehemaligen Deutz-Kalker Bad oder das Quest Hideaway im alten Stadtarchiv. Selbstverständlich sind ebenfalls die international renommierten Hotelgruppen (z. B. Hilton, Hyatt, Maritim, Steigenberger) in Köln vertreten. Aber auch im mittleren Preissegment gibt es eine große Auswahl ansprechender Hotel- und Gästezimmer. Sie sind vielleicht nicht so luxuriös, besitzen jedoch viel individuelles Flair.

In den Hotelportalen können Sie online sogar für die exklusiven Häuser erschwingliche Angebote finden – natürlich weder zur Hauptreisezeit, noch während großer Events oder Top-Messen. Dann gerät das Preisgefüge regelmäßig aus den Fugen. Mit einer zu geringen Bettenzahl lässt sich das nicht erklären. Denn in Köln entstehen laufend neue Hotels und bereits mancher Hotelier klagt über mangelnde Auslastung. Airbnb und Co. öffnen auch in der Domstadt neue Alternativen für die Nacht.

Pathpoint – die Jugendherberge für Rucksackreisende

ZUM SELBST ENTDECKEN

Auf der Website **www.koelntourismus.de** können Sie eine Infobroschüre mit ausgewählten Unterkünften downloaden. Bei der Suche und Buchung online leitet KölnTourismus weiter auf die Website von **HRS** (www.hrs.de). Wer die private Atmosphäre eines Gästezimmers dem Hotelambiente vorzieht, wendet sich zwecks Vermittlung an die **Homestay Agency International** (T 0221 130 69 00, www.homestay-agency.de) oder an **Bed & Breakfast Köln** (T 0211 16 98 88 20, www.bed-and-breakfast.de). Kurzentschlossene finden vor Ort im Büro von KölnTourismus am Dom professionelle Beratung.
Kostenloser **Wlan-Zugang** ist in fast allen Unterkünften selbstverständlich.

Morgens grüßen Tünnes und Schäl
Lint Hotel Karte 2, E 5

Das ungezwungene, freundliche Ambiente und die moderne Design-Ausstattung zeichnen dieses kleine Hotel in einer verkehrsberuhigten Altstadtgasse aus. Die 18 Zimmer sind nicht sehr groß, aber funktional und einladend eingerichtet. Der Frühstücksraum öffnet sich zum Kirchplatz von Groß St. Martin, wo Tünnes und Schäl ein Schwätzchen halten.

Lintgasse 7, Altstadt, T 0221 92 05 50, www.lint-hotel.de, U: Rathaus, DZ ab 99 € inkl. Frühstücksbuffet

Multifunktional
die wohngemeinschaft
Karte 2, B 6

Wie in einer wirklichen Wohngemeinschaft besitzt jedes der 13 Ein- bis Dreibettzimmer eine ganz persönliche Note und erzählt die Geschichte der fiktiven Bewohner. Zudem gibt es drei Themen-Schlafsäle mit bis zu acht Kojen. Die gemütliche hauseigene CaféBar im Stil der 1960er-Jahre (tgl. 15–2 Uhr) ist ein beliebter Szenetreffpunkt. Nachmittags werden Kaffee und Kuchen angeboten, abends u. a. das WG Bräu und Mühlen-Kölsch gezapft. Im angeschlossenen Veranstaltungssaal finden Lesungen, Konzerte, Theater, Kino statt.

Richard-Wagner-Str. 39, Belgisches Viertel, T 0221 39 76 09 04, www.hostel-wohngemeinschaft.de, U: Rudolfplatz, DZ ab 59 €, Koje im Schlafsaal ab 20 €, nur Etagendusche/WC, Frühstücksbuffet 5,50 €

Zwei unter einem Dach
Pension Jansen und Pension Otto
Karte 2, B 6

In dem großen Gründerzeithaus bieten gleich zwei Pensionen Unterkunft. Schauen wir zuerst bei Pension Jansen im zweiten Stock vorbei, deren sechs Gästezimmer kunterbunt und gemütlich eingerichtet sind. Bei der Pension Otto im ersten Stock sieht es ein wenig schicker aus. Sonnengelb getünchte Wände und Terrazzoböden sorgen für mediterranes Flair. In beiden Pensionen wird Frühstück auf Bestellung im Gemeinschaftsraum serviert, die Gästezimmer sind mit einem Waschbecken ausgestattet, Toiletten, Duschen oder Bad befinden sich jeweils auf der Etage.

Richard-Wagner-Str. 18, Belgisches Viertel, U: Rudolfplatz; Pension Jansen, T 0221 25 18 75, www.pensionjansen.de; Pension Otto, T 0221 25 29 77, www.pensionotto.de; DZ ab 65 €, Frühstück 5 €

> **›BETTENSTEUER‹**
>
> Auf den Zimmerpreis schlagen einige Unterkünfte die Kulturförderabgabe (KFA) der Stadt in Höhe von 5 % auf.

Künstlerklause
Chelsea Karte 2, B 6

1986 erhielt der Künstler Martin Kippenberger Logis im Chelsea im Austausch gegen Kunst. Hotelier Werner Peters verfolgte dieses Prinzip weiter, sodass heute eine Gemäldesammlung die Gäste erfreut. Die 39 Zimmer sind technisch bestens ausgestattet; die ausgefallensten befinden sich unterm Dach, das spektakulär im dekonstruktivistischen Stil aufgesetzt wurde. Die meisten der Dachgeschosszimmer besitzen eine kleine Terrasse. Im Szenecafé Central im Erdgeschoss können Sie bis 13 Uhr frühstücken, am Wochenende sogar bis 15 Uhr, und abends auf einen Absacker einkehren.

Jülicher Str. 1, Belgisches Viertel, , T 0221 20 71 50, www.hotel-chelsea.de, U: Rudolfplatz, DZ ab 78 € ohne Frühstück

Fast wie daheim
statthaus Karte 2, C 5

Das auffallend schmale hohe Gebäude mit vorbildlich renovierter neogotischer Fassade aus hellem Tuff- und Sandstein liegt in unmittelbarer Nachbarschaft von St. Gereon. Innen laden acht Apartments – jeweils mit Küchenzeile, Duschbad und Wohnraum – zum Wohlfühlen ein, ob für wenige Nächte oder mehrere Wochen. Die größeren Apartments mit Schlafempore eignen sich auch für Familien. Besonders geräumig ist die zweigeschossige Dachwohnung. Die

Vermietung erfolgt vorzugsweise ab zwei Nächten. Da es keine permanent besetzte Rezeption gibt, müssen Sie vorab per Telefon oder Mail buchen.

Steinfelder Gasse 33, Friesenviertel, T 0221 660 08 46, www.statthaus.de, U: Christophstr., DZ ab 70 € bzw. ab 700 €/Monat

Cooles Interieur
Hotel Cristall E 4

In zentraler Lage nahe dem Bahnhof besticht das Cristall durch außergewöhnliches Design. In dem coolen Ambiente fühlen sich insbesondere Musiker und Leute aus der Medienbranche wohl. Die 78 Standardzimmer sind zwar etwas eng geschnitten, aber schließlich wollen Sie hier ja nicht Ihren Tag verbringen. Großzügiges Wohnambiente und eine hochwertige Ausstattung mit handgefertigten Unikatmöbeln zeichnen die 14 Komfort-Zimmer aus, die entsprechend teurer sind.

Ursulaplatz 9–11, Altstadt Nord, T 0221 163 00, www.hotelcristall.de, U: Breslauer Platz/Hbf, DZ ab 84 € inkl. Frühstücksbuffet

Ruhiges Ambiente
Casa Colonia E 4

Das familiär geführte Hotel in einem Haus vom Ende des 19. Jh. bietet 16 schick gestaltete Zimmer mit viel Komfort. In Nr. 23 sehen Sie beim Aufwachen sogar die Domtürme. Den Blick auf das Kölner Wahrzeichen bietet sich auch aus dem geräumigen Apartment im Dachgeschoss. Das reichhaltige Frühstück können Sie bei schönem Wetter auch im Innenhof einnehmen.

Machabäerstr. 63, Altstadt Nord, T 0221 16 06 00, http://casa-colonia.de, U: Breslauer Platz/Hbf, DZ ab 99 € inkl. Frühstücksbuffet

JUGENDHERBERGEN

Das Jugendherbergswerk unterhält drei Häuser in Köln. Das größte mit über 500 Betten befindet sich in **Köln-Deutz,** nur wenige Schritte von der Lanxess Arena entfernt. Die etwas kleinere Herberge (366 Betten) liegt in **Köln-Riehl** fast im Grünen. Das jüngste und kleinste Haus (165 Betten), der **Pathpoint** nahe dem Hauptbahnhof, richtet sich speziell an Backpacker (www.jugendherberge.de, Übernachtung mit Frühstück im DZ 38,40 € pro Person, Herbergsausweis erforderlich).

Für Designfreaks
Hotel Santo E 3

Hochwertige edle Materialien und ein neuartiges Lichtkonzept prägen das avantgardistische Ambiente des Design-Hotels nahe der Musikhochschule im Kunibertsviertel. In den 69 mit Parkett ausgelegten Zimmern dominieren warme Beige- und Brauntöne, einige Möbel in weißem Schleiflack setzten stylishe Akzente. Im hauseigenen Restaurant können Sie sich für den Tag am Frühstücksbuffet mit kalten und warmen Speisen stärken.

Dagobertstr. 22–26, Altstadt Nord, T 0221 913 97 70, www.hotelsanto.de, U: Ebertplatz, DZ ab 89 € inkl. Frühstücksbuffet

Schnörkellos schön
Hopper St. Antonius E 3

Das Hopper unterhält inzwischen drei Häuser in Köln, ein jedes in historischem Ambiente. Im Kunibertsviertel wurde ein altes Gesellenhaus in eine schicke Herberge verwandelt. Die Zimmer mit weißen Wänden, Holzfußboden und schlichten Teakholzmöbeln muten fast klösterlich spartanisch an. Aber natürlich fehlt es an keinem Komfort. Im Keller verwöhnt sogar ein Wellnessbereich die Gäste. Angeschlossen ist das Restaurant Fertig im L. Fritz, dessen Name auf den Fotokunstsammler L. Fritz Gruber anspielt. Kunst ziert auch die beiden anderen Hopper Hotels, das **Et Cetera** im Belgischen Viertel (Karte 2, B 6, Brüsseler Str. 26) und das **St. Josef** in der Südstadt (E 8, Dreikönigenstraße 1–3).

St. Antonius, Dagobertstr. 32, Altstadt Nord, T 0221 166 00, www.hopper.de, U: Ebertplatz, DZ ab 100 €

Viel Komfort für wenig Geld
Motel One Köln-Waidmarkt

Karte 2, E 7

Das Hopper St. Antonius setzt die Fotokunst in Szene.

Ein frischer Look in Türkisblau, Weiß und Brauntönen sowie ein gut gelauntes Serviceteam sorgen für eine angenehme Atmosphäre in dem topmodernen Haus, das ein super Preis-Leistungs-Verhältnis bietet. Die 369 Zimmer sind optimal schallisoliert, sodass der vorbeirauschende Verkehr auf einer von Kölns Hauptverkehrsachsen die Nachtruhe nicht stört. Zentraler Treffpunkt ist die One Lounge im Erdgeschoss. Ein zweites Motel One befindet sich am **Mediapark** (C 4, Am Kümpchenshof 2, T 0221 27 07 51-0, U: Christophstr.).

Tel-Aviv-Str. 6, Innenstadt, T 0221 27 25 95-0, www.motel-one.com, U: Severinstr., DZ ab 99 €, Frühstücksbuffet 9,50 €

Klein, aber fein

Hotel Pension Alexander G 6

Das ehemalige Pfarrhaus der Johanniskirche in Deutz wurde schmuck hergerichtet und empfängt Gäste in familiärer Atmosphäre. Es gibt nur acht Zimmer, alle mit schicker Dusche und einer kleinen Sitzgruppe. Trotz Laufnähe zu Rheinboulevard, Lanxess Arena und Messe können Sie hier garantiert ruhig schlafen. Über die Hohenzollernbrücke ist es auch nicht weit zur Altstadt.

Tempelstr. 6, Deutz, T 0221 829 56 50, www.hotel-pension-alexander.de, U: Deutzer Freiheit, DZ ab 99 €, Frühstücksbuffet 8 €

Kommunikationsfreudig

Weltempfänger A 4

Wer für die Übernachtung nicht so viel Geld ausgeben, aber gerne mit anderen Reisenden und Einheimischen ins Gespräch kommen möchte, ist in dem Hostel in Köln-Ehrenfeld genau richtig. Neben Zimmern mit Hochbetten für zwei, vier oder sechs Personen gibt es auch hübsche Doppel- und sogar Einzelzimmer mit eigenem Bad. Als Kommunikationsbörse dienen die Küche für Selbstversorger und das Café im Erdgeschoss.

Venloer Str. 196, Ehrenfeld, T 0221 99 57 99 57, www.koeln-hostel.de, U: Piusstr., DZ mit Bad 29,50 € pro Person, Frühstück 5,80 €

Herberge für weibliche Gäste

Frauen-Zimmer C 2

Sabine Gabus und Ulrike Steil haben in ihrem Haus in Köln-Nippes drei exklusiv gestaltete Gästezimmer nur für Frauen eingerichtet. Ein Salon mit gemütlichen Sitzecken sowie ein Wintergarten und ein Innenhof mit Sonnendeck laden zum Verweilen und Entspannen ein. Mitreisende Kinder unter drei Jahren übernachten kostenlos, bis elf Jahre zahlen sie die Hälfte. Jungen sind allerdings nur bis zwölf Jahre willkommen.

Menzelstr. 7, Nippes, T 0151 15 19 46 72, www.frauenhotelkoeln.de, S: Nippes, DZ ab 100 €, Frühstück ab 3 €

›Himmel un Äd‹

So könnte eine kurze Charakterisierung der Kölner Gastroszene lauten, die vom Sternerestaurant bis zum bodenständigen Brauhaus alle Register zieht. Gemeint ist aber ein typisches Gericht der kölschen Küche aus geschmorten Äpfeln – dem Himmel –, Stampfkartoffeln – der Erde (Äd) – und dazu gebratene ›Flönz‹, also Blutwurst.

Nun werden Sie vermutlich sagen: »Ih, Blutwurst, mag ich nicht.« Lassen Sie sich überzeugen, die Hausmannskost hat es inzwischen sogar auf die Speisekarten der Gourmettempel geschafft – modern interpretiert und mit feinster Wurst vom Metzger des Vertrauens, versteht sich.

Kölsche Küche reloaded ist eh ein Trend. Ein weiterer sind Hamburgerläden – natürlich nicht die bekannten Fastfoodketten. Auch hier müssen die Grundzutaten von erstklassiger Qualität und frisch sein. Die Klopse gibt es auch für Vegetarier und Veganer. Überhaupt können Sie inzwischen in vielen Restaurants auch ohne tierische Produkte gut essen. Die Sushiwelle ist etwas abgeflaut. Die asiatische Küche hat aber, ebensowie die mediterrane, tiefe Spuren auf der Speisekarte hinterlassen.

Diese hält auch außergewöhnliche Gaumenkitzel aus den fernsten Ecken der Welt bereit, denn Kölns Gastroszene ist so multikulti wie die Einwohner der Stadt. Die Gourmetküche kommt ebenfalls nicht zu kurz, angeführt mit zwei Sternen von Eric Menchon im unprätentiös sympathischen Bistro Le Moissonnier. Ach wie schade, dass die Preise so abgehoben sind!

Im Früh ist es niemals zu spät für ein frisches Kölsch.

ZUM SELBST ENTDECKEN

In der **Altstadt** finden Sie neben Restaurants, die meist auf Touristen ausgerichtet sind, auch einige urige Brauhäuser. Modern und vielfältig ist das Angebot im **Friesenviertel,** im **Belgischen Viertel** und in der **Südstadt.** Die Lokale im **Univiertel** haben sich vielfach auf Geschmack und Budget der Studenten eingestellt. Einige Restaurants lohnen den Weg in die äußeren Stadtviertel, z. B. nach **Ehrenfeld** oder **Sülz.** Umfassend informiert die Jahresausgabe von **»tagnacht«** über die Restaurants der Domstadt. Dem Heft liegt der Zugangscode zur sehr hilfreichen Gastro-App bei. Ebenfalls alljährlich erscheint **»Köln2go«,** das auch online Tipps bereithält (www.koeln2go.de).
Vor allem am Abend ist eine **Reservierung** zu empfehlen. In Brauhäusern ist es üblich, sich zu anderen Gästen an den Tisch zu setzen.

SO BEGINNT EIN GUTER TAG IN KÖLN

Original Interieur der 1950er-Jahre

Funkhaus Karte 2, E 5

Das Lokal mit der großzügigen Fensterfront im WDR-Funkaus am Wallrafplatz ist legendär. In den 1950er-Jahren hatte der Sender hier seine Kantine. Fotos und Einrichtung erinnern an die Anfänge. Am Morgen stärkt ein reichhaltiges Frühstück, später schmeckt mediterrane Bistroküche. Abends können Sie sich am Tresen einen Cocktail mixen lassen. Beliebt sind auch die Tische draußen am belebten Platz.

Wallrafplatz 5, Dom, T 0221 955 64 54 24, http://www.funkhaus-koeln.de, U/S: Dom/Hbf, tgl. 8.30–24 Uhr, Frühstück ab 4,10 €, HG ab 8 €

Unser täglich Brot

Bastian's Karte 2, D 5

Den ganzen lieben langen Tag kommen hier Brot und Brötchen frisch aus dem Ofen. Dazu können Sie Wurst und Schinken, Käse und Eier, Joghurt und süßen Belag bestellen und guten Kaffee. Eine große Glasscheibe erlaubt den Blick in die Backstube, wo auch herzhafte Gerichte und Kuchen zubereitet werden. Der große Gastraum mit schlichtem Holzmobiliar bietet viel Platz für alle, die während des Einkaufs in der City kurz reinschauen.

Auf dem Berlich 3–5, City, T 0221 25 08 34 12, www.bastians-baecker.de, U: Neumarkt, tgl. 8–19 Uhr, Frühstück ab 2,80 €

Pure Verführung

Törtchen Törtchen Karte 2, C 5

Wenn Sie in dem schmalen Café erst einmal einen Tisch ergattert haben, kann der Tag mit verschiedenen Frühstücksvarianten beginnen. Ob französisch mit luftigen Croissants und Fruchtaufstrich oder zünftig mit Landbrot, Bergkäse und Schinken. Dazu darf es auch ein Gläschen Prosecco geben. Mittags werden herzhafte kleine Gerichte angeboten. Vor allem aber verführen feinste Törtchen und Patisserie – die bunten Macarons sind der Renner.

Apostelnstr. 19, City, T 0221 27 25 30 81, www.toertchentoertchen.com, U: Neumarkt, Mo–Sa 9–19, So 10–18 Uhr, Frühstück ab 2,90 €, kleine Gerichte ab 4,50 €

Für Kaffee-Genießer

Die Rösterei Karte 2, B 6

Ein aromatischer Kaffeeduft zieht durch das schlauchartige Lokal und belebt sofort den Geist. Die fair gehandelten Bohnen des *moxxa caffè* aus dem mexikanischen Hochland werden frisch geröstet und in vielen Variationen angeboten. Dazu gibt es ein abwechslungsreiches Frühstück. Später am Tag bereitet die öko-zertifizierte Küche eine Handvoll saisonale Gerichte zu, die wöchentlich wechseln.

Aachener Str. 22, Belgisches Viertel, T 0221 22 20 66 83, www.moxxacaffe.de, U: Friesenplatz, tgl. 10–1 Uhr, Lunch 8,90 €

Brunch mit Rheinblick

Bellevue im Maritim Karte 2, E 6

Am Sonntag lädt das Hotel-Restaurant zum Skyline Brunch. Zum Buffet mit ausgesuchten Delikatessen gibt es einen fantastischen Blick auf den Rhein und den Dom. Besonders empfehlenswert ist es im Sommer bei gutem Wetter, wenn die umlaufende Dachterrasse geöffnet ist. Ein einmaliges Erlebnis, aber zugegebenermaßen nicht gerade geschenkt, ebenso wie die Einkehr am Abend. Die tolle Aussicht können Sie aber auch am Nachmittag bei Kaffee und Kuchen genießen.

Heumarkt 20, Altstadt, T 0221 202 78 75, www.maritim.de, U: Heumarkt, Brunch So 11–15, Kaffee/Kuchen Di–So 14.30/15–17.30, Diner Di–Sa 18.30–23 Uhr, Brunch 54 €, Menü abends 65 €

Existenzialistisch

Café Schmitz D 3

Das Lokal im Eckhaus ist eine feste Größe im Eigelsteinviertel. Die großen Fenster geben den Überblick über das Geschehen auf dem Ring. Viele Gäste vergraben sich aber hinter einer der Zeitungen, die hier in großer Auswahl ausliegen. Frühstück gibt es auch für Langschläfer. Der Mittagstisch ist günstig, die Weine sind passabel. Naschkatzen lassen sich von selbst gebackenem Kuchen verführen.

Hansaring 98, Innenstadt, T 0221 139 77 33, www.cafe-schmitz-koeln.de, U/S: Hansaring, tgl. 9–24 Uhr, Frühstück ab 2,90 €, Lunch ab 6 €

WO ESSEN AUF NACHHALTIGKEIT TRIFFT

Aus regionalem Anbau

maiBeck Für Dich Karte 2, F 5
Jan Cornelius Maier und Tobias Becker beweisen, dass man auch in der Altstadt mit kreativer Küche punkten und das Preisgefüge trotz Michelin-Stern moderat bleiben kann. Sie legen Wert auf gute regionale Grundprodukte und machen selbst aus einem Wintergemüse-Eintopf ein kulinarisches Erlebnis. Da einige Gerichte sowohl als kleine oder große Portion geordert werden können, ergeben sich vielfältige Kombinationsmöglichkeiten. Die Einrichtung ist eher ein wenig unterkühlt, lenkt aber so nicht vom kulinarischen Genuss ab. Selbst der Rheinblick wird hier zur Nebensache.

Am Frankenturm 5, Altstadt, T 0221 96 26 73 00, www.maibeck.de, U/S: Dom/Hbf, Di–Sa 12–15 u. ab 17.30, So ab 12 Uhr, 4-Gang-Menü 42 €

Ruhepol an der Einkaufsmeile

Stanton Karte 2, D 6
Nur wenige Schritte von der geschäftigen Schildergasse entfernt verbirgt sich im Schatten der Antoniterkirche ein urbaner Pausenort. Sie nehmen im gläsernen Pavillon unter kunstvollen Kronleuchtern Platz oder bei entsprechendem Wetter auf der mediterran anmutenden, kleinen Außenterrasse. Alle Speisen – von Snacks bis zu kompletten Gerichten – werden aus frischen Produkten aus der Region und möglichst aus Bio-Anbau zubereitet. Besonders reichhaltig ist das Frühstücksangebot, unwiderstehlich für den süßen Gaumen sind die hausgemachten Kuchen und Torten.

Schildergasse 57, City, T 0221 271 07 10, www.cafe-stanton.de, U: Neumarkt, Mo–Fr 9.30–1, Sa 9–1, So 10–1 Uhr, Frühstück ab 5,20 €, Lunch 8,90 €, HG ab 10 €

Ein Relikt aus den 1980er-Jahren

Osho's Garden Karte 2, B 5
Die orange gekleideten Bhagwan-Anhänger sind aus dem Viertel verschwunden, ihr vegetarisches Selbstbedienungsrestaurant hält nach wie vor die Stellung und hat sich auch auf vegane Kunden eingestellt. Es gibt täglich wechselnde warme Gerichte, ein Salatbuffet, verschiedene Kuchen und Desserts sowie sonntags ein Brunch-Buffet. Der Gastraum besitzt etwa so viel Flair wie eine Schulkantine, um so hübscher ist der begrünte Innenhof.

Venloer Str. 5–7, Belgisches Viertel, T 0221 800 05 81, www.oshos-place.de, U: Friesenplatz, Mo 12–18, Di 8–21, Mi, Do 8–22, Fr, Sa 8–23, So 8–18 Uhr, Brunch So 10.30–14.30 Uhr, Mittagsgericht 8,90 €, Salat 1,85 €/100 g

100 Prozent fleischlos

Well Being Karte 2, B 6
So schlicht weiß wie das Restaurant sich zeigt, so puristisch sind die typisch vietnamesischen, teils scharfen Suppen, Currys und Wok-Gerichte. In den Topf kommen ausschließlich Bio-Gemüse und Bio-Tofu, Reis und Nudeln, keine Geschmacksverstärker und künstlichen Zusatzstoffe. Auch Nicht-Veganer und Nicht-Vegetarier schätzen das abwechslungsreiche, frisch zubereitete Speisenangebot. Den Durst stillen vietnamesische Sojamilch-Drinks oder alkoholfreies Bio-Lammsbräu – Alkohol ist hier tabu.

Brabanter Str. 9, Belgisches Viertel, T 0221 29 92 56 82, www.wellbeing-koeln.de, U: Rudolfplatz, Mo–Fr 11.30–22, Sa 12–22, So 14–21 Uhr, mittags ab 6,90 €, HG abends ab 9,50 €

Produkte aus der Umgebung

Café Feynsinn Karte 2, B 7
Die beliebte Anlaufstelle am Rathenauplatz setzt auf Bio und Nachhaltigkeit. So wächst das Gemüse in einer Gärtnerei auf der Schäl Sick, Steaks und Burger stammen von Bio-Rindern aus dem Bergischen Land. Die Verarbeitung erfolgt nach Slow-Food-Kriterien. Zu den Köstlichkeiten aus der Küche empfiehlt Ihnen die Bedienung gerne den passenden Wein, der auch glasweise ausgeschenkt wird. Unter der himmelblau-golden bemalten Decke mit den

Ein ehemaliges Kloster im Belgischen Viertel mutierte unter der Regie der Hopper Hotels zur Design-Adresse. In der früheren Hauskapelle zelebriert Christoph Paul die kreative bürgerliche Küche.

opulenten Lüstern aus Scherben lässt sich aber nicht nur mittags und abends angenehm speisen, auch das Frühstück und die Kuchenauswahl am Nachmittag lohnen die Einkehr.

Rathenaupl. 7, Univiertel, T 0221 240 92 10, www.cafe-feynsinn.de, U: Zülpicher Platz, Mo–Do 9–1, Fr 9–2, Sa 9.30–2, So 10–1 Uhr, Mittagstisch 8,90 €, abends HG ab 12,90 €

Vegetarisches Urgestein

Grünlilie A 9

Elke Paliantis hat bereits fleischlos und mit frischen Bio-Produkten der Saison gekocht, als das noch nicht in war. Zu ihren Bestsellern gehören Kartoffelrösti mit Champignons und frischem Marktgemüse. Es kommt kein neumodischer Schnickschnack auf den Teller, sondern solide Hausmannskost. Die Einrichtung ist seit Eröffnung unverändert und erinnert an die 1980er-Jahre: Wände in zwei hellen Grüntönen, bunte Blumenbilder, robustes Holzmobiliar und weiße Tischdecken. Die Inhaberin steht selbst mit am Herd, übernimmt aber auch den Service und sorgt für eine familiäre Atmosphäre.

Weyertal 15, Sülz, T 0221 42 88 59, Mo–Sa 12–14.30, 19–22 Uhr, mittags HG 5,50 €, abends HG ab 13,50 €

Erstklassige Veedelsküche

Café Sehnsucht A 3

Vom Frühstück bis zum Abendessen speisen Sie in diesem Allrounder bio-zertifiziert und ausgesprochen gut. Die hausgemachten Kuchen und kreativen Speisen lohnen durchaus den Weg aus der Innenstadt nach Ehrenfeld. Aber besser vorab reservieren! Auch die Auswahl an Weinen und Obstbränden kann sich sehen lassen. Dazu sitzt man hier ausgesprochen gemütlich. Alte Fliesen, Kanonenöfen sowie Bistrotische verleihen dem Gastraum den gewissen Charme. Ein Extrabonbon sind der Wintergarten und die lauschige Innenhofterrasse.

Körnerstr. 67, Ehrenfeld, T 0221 52 83 47, www.sehnsucht-koeln.de, U: Liebigstr., Mo–Fr 9–24, Sa, So 9–1 Uhr, Mittagstisch 7 €, abends HG ab 14 €

Institutionen und Szenetreffs

Nie zu spät!
Früh am Dom Karte 2, E 5
1904 wurde das Traditionsbrauhaus von Peter Josef Früh in unmittelbarer Nähe zum Dom gegründet. Daher finden außer Ur-Kölnern auch viele Touristen früher oder später den Weg zum Früh. Trotz der über 560 Sitzplätze in der rustikalen Schänke, den verwinkelten Gaststuben, die z. B. Sauna und Feinkosttheke heißen, oder den urigen Brauhauskellern herrscht meist drangvolle Enge. Bei den ersten Sonnenstrahlen ist auch die Terrasse am Heinzelmännchenbrunnen stets proppenvoll. Seit 1899 setzt der Brunnen in Szene, wie *dolce vita* am Rhein hätte aussehen können.
Am Hof 12–14, Dom, T 0221 261 32 11, http://www.frueh-am-dom.de, U/S: Dom/Hbf, tgl. 8–24 Uhr, HG ab 9,20 €

Kölsch verbindet
Päffgen Karte 2, C 5
Eigentlich ist jedes Brauhaus ein sehenswertes ›Highlight‹, in dem der Gast leckeres Kölsch probieren und als Neuling in Köln außerdem gratis soziologische Studien betreiben kann, denn hier gesellen sich alle Altersklassen und gesellschaftlichen Schichten zueinander. Besonders beliebt ist das Brauhaus Päffgen. Es existiert schon seit über 100 Jahren und behauptet sich mühelos gegenüber den benachbarten Szenekneipen im angesagten Friesenviertel. Wer im typisch holzvertäfelten Innenraum keinen freien Tisch findet, hat vielleicht im Winter- bzw. Biergarten das Glück, einen der 130 Plätze zu ergattern. Selbst für kleinere Gruppen ist abends eine vorzeitige Reservierung ratsam!
Friesenstr. 64–66, Friesenviertel, T 0221 13 54 61, www.paeffgen-koelsch.de, U: Friesenplatz, So–Do 10–24, Fr, Sa 10–0.30 Uhr, HG ab 9,90 €

K
KÄSEBROT

Sicherlich haben Sie schon gemerkt, dass sich hinter dem **Halven Hahn** nur ein Käsebrötchen verbirgt. Wie es zu der Bezeichnung kam, dafür hält der Kölner mehrere Erklärungen bereit. Wahrscheinlich wünschte ein Gast nur eine kleine Portion Käse und sagte im Dialekt: »Ich will bloß ne halve han« (Ich möchte nur einen Halben haben).

Treffpunkt der Jeunesse dorée
Heising und Adelmann
Karte 2, C 5
Der schicke Szenetreff besticht mit edel minimalistischem Design. Man trifft sich auf einen Drink an der langen Theke im Eingangsbereich oder nimmt im weitläufigen Speiseraum Platz. Im Sommer ist natürlich die mediterrane Terrasse im Hinterhof der Renner. Die anspruchsvoll zubereiteten Gerichte, z. B. Büsumer Krabben mit hausgebeiztem Lachs oder Zweierlei vom Pommerschen Strohschwein, wechseln wochenweise. Fisch und Fleisch kommen von ausgewählten Lieferanten und sind möglichst bio-zertifiziert. Auch die Auswahl an Flaschenweinen kann sich sehen lassen.
Friesenstr. 58–60, Friesenviertel, T 0221 130 94 24, www.heising-und-adelmann.de, U: Friesenplatz, Di–Sa 18–24 Uhr, HG ab 20 €

Der Kneipenklassiker
Alcazar Karte 2, B 5
Über 30 Jahre existiert das Ecklokal inzwischen und ist so beliebt wie eh und je. Hier treffen sich allerdings weder die ganz Jungen noch die Hippster, für sie ist das Ambiente nicht cool genug. Aber auch so will ein Sitzplatz – ob innen an den schlichten Holztischen oder auf den Bierbänken draußen – erst mal ergattert werden. Dank des routinierten Services müssen Sie danach aber nicht lange warten. Zu soliden Küchenklassikern wird BöllBier vom Fass gezapft oder Landwein ausgeschenkt.
Bismarckstr. 39a, Belgisches Viertel, T 0221 51 57 33, www.alcazar-koeln.de, U: Friesenplatz, Mo–Fr 12–1, Sa 18–1, So 17–24 Uhr, HG ab 10 €

Neue deutsche Küche
Christoph Paul im Hopper
Karte 2, B 6
Die ehemalige Klosterkapelle bildet den außergewöhnlichen Rahmen für einen wundervollen kulinarischen Abend. Bei Christoph Paul kommt die bürgerliche Küche zu neuen Ehren. Sie ist verfeinert und scheut auch keine Anleihen jenseits der Grenzen, wie etwa der Flammkuchen mit Sauerkraut und Boudin oder das Confit von der Entenkeule auf Rotkohl mit Serviettenknödel. Die Weine stammen vorwiegend aus deutschem Anbau, sind keineswegs überteuert und werden auch glasweise ausgeschenkt.
Brüsseler Str. 26, Belgisches Viertel, T 0221 924 40 50, http://christoph-paul.jimdo.com, U: Di–Sa 17.30–24 Uhr, HG ab 21 €

Französische Feinkost
Epicerie Boucherie E 9
Ein Besuch bei David Boucherie – ja, das ist ein Familienname und hat nichts mit einer Metzgerei zu tun – ist wie ein Kurzurlaub in Frankreich. Die Gäste sitzen an hellen Holztischen inmitten von Regalen mit Wein und köstlichen Spezialitäten. Die können gleich an Ort und Stelle probiert oder für daheim eingekauft werden. Um das Frankreichfeeling komplett zu machen, laufen im Hintergrund Chansons. Außer Quiches und Tartines aus knusprigem Landbrot verzeichnet dieSchiefertafel immer ein knappes Dutzend wechselnder Tagesgerichte.
Elsaßstr. 3, Südstadt, T 0221 31 08 19 99, http://epicerieboucherie.de, U: Chlodwigplatz, Di–Sa 9–23, So 10–16 Uhr, Mittagstisch 9,90 €

EXPERIMENTIERFREUDIG UND UNGEWÖHNLICH

Nicht nur roher Fisch
Momotaro Karte 2, C 6
Das kleine japanische Restaurant ist leicht zu übersehen, dennoch ist es immer ausgebucht. Kein Wunder bei nur 20 Plätzen! Die schlichte funktionale Einrichtung animiert zwar nicht zum langen Verweilen, aber die Sushis sind von allerbester Qualität – der Fisch frisch, die Konsistenz des Reises perfekt, der Säuregrad genau richtig. Zudem zaubert die Küche diverse kleine Grillgerichte vom Fisch, gebratene Entenbrust oder gekochten Schweinebauch.
Benesisstr. 56, Innenstadt, T 0221 257 14 32, www.momotaro-koeln.de, U: Rudolfplatz, Di–Sa 12–14.15, 18.30–21.15 Uhr, mittags 5 Sushi und 1/2 Rolle 14,90 €, abends Sushi-Set ab 16 €

Food and Art
Kunstbruder Karte 2, B 6
In der Galerie im Belgischen Viertel gehen Kunst und Essen eine ungewohnte, neue Verbindung ein. Fürs Auge gibt es großformatige Leinwände mit Streetart, für den Magen sogenanntes *Cross Culture Streetfood.* In den Speisen, die täglich frisch zubereitet werden, mischen sich Elemente der französischen, mediterranen, indischen, pakistanischen und japanischen Küche. Zu den Favoriten zählt japanisches *okonomiyaki,* ein Pfannkuchen mit Kohl, in mehreren Variationen. Auch Vegetarier und Veganer finden hier ihr Glück. Das Lokal wird auch für Performances und Workshops genutzt. Und natürlich können Sie auch Kunst kaufen.

A la française – Epicerie Boucherie

KLEINE SOMMERFLUCHTEN

Zentrumsnah laden die Biergärten im **Stadtgarten** (Karte 2, B 5, Venloer Str. 40, www.stadtgarten.de, tgl. 12–24 Uhr), am **Aachener Weiher** (A 6, Richard-Wagner-Str./Aachener Str., http://biergarten-aachenerweiher.de, tgl. 11–24 Uhr, s. Foto) und im **Volksgarten** (C 9, Volksgartenstr. 27, www.hellers-brauhaus.de/volksgarten, tgl. ab 11.30 Uhr) mit viel Grün zu einer Auszeit vom Stadtleben ein. Unter alten Bäumen lässt es sich auch mitten in der Neustadt auf dem **Rathenauplatz** (Karte 2, B 7, Rathenauplatz 30, April–Sept. tgl. 12–23 Uhr) entspannen. Weitere Freiluftlokale liegen in den äußeren Veedeln. Einer der größten und schönsten Biergärten ist das **Herbrand's** in Ehrenfeld (außerhalb A 4, Herbrandstr. 21, www.herbrands.de, Mo–Fr ab 18, Sa ab 15, So ab 10 Uhr), das mit Club und Konzerthalle zugleich Eventlocation ist. Im äußersten Süden der Südstadt versteckt sich der hübsche Biergarten des **Alteburg** (F 10, Alteburger Str. 139, http://alteburg.com, Mo–Fr 16–24, Sa 14–24, So 12–24 Uhr).

Händelstr. 51, Belgisches Viertel, T 0221 16 85 20 70, www.kunstbruder.de, U: Rudolfplatz, Mo–Do 12–22, Fr, Sa 12–23.45, So 15–22 Uhr, HG ab 8,90 €

1001 Erlebnis für die Sinne

Al Salam Karte 2, C 7

Lassen Sie sich für einen Abend in den Orient entführen. Die Einrichtung in tiefen Rottönen, Perserteppiche, Oud-Klänge und exotische Düfte schaffen die perfekte Illusion. Am besten beginnen Sie die kulinarische Entdeckungsreise mit *meza*-Variationen, so heißen die Vorspeisen, etwa *hummus* (Kichererbsenmus), *tabuleh* mit Minze (Bulgursalat), gefüllte Weinblätter oder frittierte Teigtaschen. Als Hauptgericht werden u. a. ein vegetarischer *couscous* (Hirseeintopf), Lammspieße vom Grill oder eine *tajine* (Schmortopf) mit Kalbfleisch angeboten. Die Desserts sind in der Regel sehr süß. Alternativ empfiehlt es sich, das Essen mit einem der erlesenen Cocktails abzurunden.

Hohenstaufenring 22, Univiertel, T 0221 21 67 13, www.al-salam.de, U: Zülpicher Platz, Di–Fr 14.30–1, Sa, So 18–1 Uhr, HG ab 15,50 €

Persisch

Zarathustra Karte 2, B 7

Im schlichten Lokal mit kleiner selbstgezimmerter Terrasse zur Straße hin wird gutbürgerliche persische Küche serviert. Vegetarier werden die raffinierten Gemüsegerichte, etwa Linsenreis mit Rosinen und Datteln, begeistern. Ungewohnte Beilagen verleihen aber auch den Fleischgerichten Pfiff, z. B. Lammfleischtopf mit persischen Pflaumen und Limetten oder Hühnchenfilet mit süßsaurer Granatapfelsauce und gemahlenen Walnüssen. Dazu passt *dough*, ein kaltes Joghurtgetränk.

Dasselstr. 4, Univiertel, T 0221 240 76 60, www.zarathustra-persischekueche.de, U/S: Dasselstr., tgl. 12–24 Uhr, ab 8 €

Landküche wie in Frankreich

Maison Blue E 8

In dem versteckt liegenden, kleinen sympathischen Südstadt-Lokal spürt man sofort, das Team rund um Anne und André Niediek ist mit Leidenschaft bei der Sache – ob am Herd oder im Service. Jeden Monat wechselt das Menü, das mit und ohne Weinbegleitung angeboten wird. Bei schönem Wetter öffnet die romantische Terrasse hinter dem Haus.

Im Ferkulum 18–22, Südstadt, T 0221 932 89 96, www.maisonblue-koeln.de, Mi–So ab 18.30 Uhr, HG ab 21 €, Menü ab 49 €

Für Burgerfans

Die Fette Kuh E 9

Die Schlange reicht regelmäßig bis auf den Bürgersteig, als ob es keine anderen Burgerläden in der Stadt gäbe. Das spricht für Qualität! Es wird nur naturbelassenes Fleisch von Weiderindern vom Niederrhein verarbeitet und täglich im Haus frisch durch den Wolf gedreht. Als Beilage kommen natürlich Fritten auf den Teller, außerdem *coleslaw* (Krautsalat), karamelisierte Zwiebeln und verschiedene hausgemachte Saucen. Fast alle Burger gibt es auch als Veggie-Variante.

Bonner Str. 43, Südstadt, T 0221 37 62 77 75, www.diefettekuh.de, U: Chlodwigplatz, Mi–Mo 12–23 Uhr, Burger ab 6,40 €

Echt Fingerfood

Hdmona F 9

Das Lokal im Stil einer afrikanischen Dorfhütte vermittelt die Gastfreundschaft und Esskultur Eritreas. Neben gegrilltem Lamm stehen Hühnerfleisch und gebratene Fleischwürfel auf der Karte. Gegessen wird üblicherweise mit den Fingern der rechten Hand, wobei Sie die Speisen mithilfe der *injeras,* (schwammartige Fladenbrote) greifen. Samstags um 17 Uhr findet eine traditionelle Kaffeezeremonie statt.

Eburonenstr. 1, Südstadt, T 0221 27 84 89 49, http://hdmona.de, Di–Do 18–22, Fr 18–24, Sa 17–24, So 9–13 (Frühstück), 18–22 Uhr, ab 13 €

Blind date

unsicht-Bar außerhalb A 10

Im ›ersten deutschen Dunkelrestaurant‹ isst das Auge nicht mit. Zur Auswahl stehen vier Menüs, darunter ein veganes. Bei einem Aperitif werden die Gäste auf den Abend eingestimmt. Wenn alle ihre Plätze eingenommen haben, erlöschen die Kerzen im Speiseraum, das Sinneserlebnis im Dunkeln beginnt. Blinde oder stark sehbehinderte Kellner begleiten durch das gesamte Menü und stehen immer hilfreich zur Seite.

Luxemburger Str. 319a, Sülz, T 0221 421 01 02, www.unsicht-bar.com, U: Sülzgürtel, Mi, Do, 19, Fr, Sa 18 u. 21, So 18 Uhr, Reservierung erforderlich, 4-Gang-Menü 35 €

Unterm roten Stern

HoteLux G 5

Lenin-Büste, Panzerkreuzer Potemkin, ein Metro-Waggon und roter Samt – russischer geht's nimmer. Die Vielbreite der russischen Küche lernen Sie bei einer *tapiroschki*-Tafel kennen, die sich aus vielen kleinen kalten und warmen Speisen zusammensetzt. Zur Verdauung ist nach dem Essen ein Wodka obligatorisch – Dutzende Sorten stehen zur Auswahl. Oder Sie probieren einen der über 70 fantasievollen *Sovietski*-Cocktails.

Von-Sandt-Platz 10, Deutz, T 0221 24 11 36, www.hotelux-koeln.de, U: Bf. Deutz/Lanxess Arena, Mo–Do, So 15–1, Fr, Sa 15–3 Uhr, HG ab 10 €

ZUM SELBST ENTDECKEN

In den Straßen rund um den **Neumarkt** bestimmen Trend-Shops für Mode, Schmuck, Geschenke und Accessoires das Angebot. Die Mischung von superedel bis trendy machen den Reiz des Viertels aus: Exklusiv und extravagant geben sich Mittel-, Pfeil- und Benesisstraße. Junge Designermode zu erschwinglicheren Preisen offerieren die Geschäfte in Ehren- und Apostelnstraße. Im **Friesenviertel** und im **Belgischen Viertel** finden sich viele kleine Boutiquen und Ateliers, die Kölner und internationale Modelabels vertreten. An den **Ringen** zwischen Zülpicher Platz und Christophstraße dominieren Wohn- und Einrichtungshäuser. Auch der Blick in die äußeren Stadtviertel lohnt. Vor allem **Agnesviertel, Ehrenfeld, Sülz** und **Südstadt** bilden den Nährboden für neue Geschäftsideen.

Eis für alle

Wenn der Schaufensterbummel nicht all Ihre Aufmerksamkeit beansprucht, wird Ihnen am Neumarkt die riesige umgestülpte Eistüte ins Auge fallen. Das Pop-Art-Duo Oldenburg/van Bruggen setzte sie auf das Dach der Neumarktgalerie als Symbol für Konsumgenuss – ein Füllhorn, das über den Flanierenden ausgeschüttet wird. Nur gut, dass das Eis garantiert nicht schmilzt. Wenn's dennoch von oben kleckert – Tauben sind auch in Köln eine Plage.

Kölns Einkaufswelt gibt sich wenig nobel und gestylt, sie kommt relativ bunt, innovativ und frech daher und zieht auch aus dem benachbarten Ausland, sogar aus England Shoppingtouristen an. Von der Domplatte ergießt sich der Strom der Flaneure automatisch in die zentralen Einkaufsmeilen zwischen Dom und Neumarkt: die Hohe Straße und die Schildergasse. Beide bildeten bereits in römischer Zeit die wichtigsten städtischen Achsen.

Besonders an den Samstagen vor Weihnachten ist hier oft kein Durchkommen mehr. Neben den Filialen internationaler Modeketten haben vor allem die Billiganbieter in Sachen Schmuck und Jeans sowie Schnellrestaurants Hochkonjunktur. Straßenhändler und -künstler ergänzen das Bild.

Wer jedoch ausgefallenere Angebote und Fachgeschäfte sucht, darf sich nicht von der Menge treiben lassen. Bereits in der parallel zur Schildergasse verlaufenden Breite Straße, erst recht in den kleinen Nebenstraßen wird das Sortiment vielfältiger.

Globetrotter garantiert den Erlebniseinkauf.

BÜCHER UND MUSIK

Der Spezialist

Tonger Karte 2, C 5

Das Haus der Musik zählt zu den ältesten Musikfachhandlungen in Deutschland und gilt als einer der führenden Notenhändler Europas. Über 15 000 Noten können direkt von der Website geladen werden. Auch bei der Suche nach seltenen Notenblättern sind die Spezialisten gerne behilflich. Außerdem umfasst das Sortiment Bücher, Software und Geschenkartikel für den Musikliebhaber.

Zeughausstr. 24, Innenstadt, http://musik-tonger.de, U: Appellhofplatz/Breite Str., Mo–Fr 10–19, Sa 10–18 Uhr

Kunst im Kleinformat

Postkartenladen Walther König Karte 2, D 5

Mindestens 50 000 verschiedene Postkarten umfasst das Ladensortiment, so viele wie kein anderes in Deutschland. Die Kunst-Motive reichen von der Höhlenmalerei bis zur Streetart. Sie sind im ersten Stock in schwarzen Schubfächern entlang der Wände einsortiert, geordnet nach Epochen und zusätzlich alphabetisch nach Künstlernamen. Es gibt garantiert kein wichtiges Kunstwerk, das Sie hier nicht in Miniatur finden können. Im Erdgeschoss verführen Gruß- und Fun-Karten, kleine Büchlein und ausgefallene Geschenkartikel aus aller Welt dazu, das Portemonnaie zu zücken.

Breite Str. 93, Innenstadt, U: Appellhofplatz/Breite Str., Mo–Fr 10–19, Sa 10–18 Uhr

Die Neunte Kunst

Cöln Comic Haus E 9

Der Fantastic Store hält eine Riesenauswahl an Comics, Mangas und Graphic Novels in Englisch und Deutsch bereit. Regelmäßig finden Signierstunden, Workshops und Vorträge statt. An jedem ersten und dritten Samstag im Monat ist zudem die Galerie geöffnet (15–17 Uhr), die Sammlerstücke rund um die ›Neunte Kunst‹ präsentiert und sich dabei im Besonderen den Superhelden der US-amerikanischen Comicliteratur widmet.

K
KIOSK

Kein Bier im Haus, nichts Süßes, keine Lektüre? Kein Problem! Das **Büdchen** an der nächsten Ecke hilft in allen Notsituationen. Hier werden natürlich auch die letzten Neuigkeiten aus dem *Veedel* ausgetauscht, manchmal bei einem Kaffee. Doch seit Supermärkte selbst in Stadtrandlagen bis weit in die Nacht hinein öffnen, steht das Büdchen auf der Liste der bedrohten kölschen Institutionen.

Bonner Str. 9, Südstadt, www.coeln-comic.de, U: Chlodwigplatz, Mo–Fr 11–18.30, Sa 11–17.30 Uhr

DELIKATESSEN UND LEBENSMITTEL

Von fleißigen Bienen

Honig Müngersdorff Karte 2, D 6

Seit 1847 verkauft das Familienunternehmen, mittlerweile in der sechsten Generation, hochwertige Imkereiprodukte. Neben Honig aus aller Welt umfasst das Sortiment auch Spezialitäten wie Honigwaffeln, Honigbier und Honiglikör, Kosmetika und Kerzen. Darüber hinaus gibt es alles für den Imkereibedarf.

An St. Agatha 37, Innenstadt, www.honig-muengersdorff.de, U: Neumarkt, Mo–Fr 10–18, Sa 10–16 Uhr

Mediterraner Genuss

Oil & Vinegar Karte 2, D 5

Wer gerne kocht und isst, wird dem Angebot aus über 600 kulinarischen Produkten kaum widerstehen können: Öl und Essig, Gewürz- und Kräutermischungen, Schokolade und Honig, Pasta und Risotto. Kleine Schälchen mit Saucen und Dips verführen zum Probieren. Hübsch verpackt werden die Kulinaria zum attraktiven Mitbringsel.

Breite Str. 103–135, Innenstadt, www.oilvinegar.com, U: Appellhofplatz/Breite Str., Mo–Sa 10–20 Uhr

Süße Früchtchen
Bärenland Karte 2, C 5
Wer auf die schlanke Linie achtet, sollte besser einen großen Bogen um diesen Laden machen: Fruchtgummis und Lakritze in verführerischer Geschmacks- und Formenvielfalt, sogar für Veggies und Vegans oder zuckerfrei.
Breite Str. 161–167, Innenstadt, www.baerenland.com, U: Appellhofplatz/Breite Str., Mo–Fr 11–19, Sa 11–18.30 Uhr

Karibisches Feuer
Kölner Rum Kontor E 3
Über 500 Sorten Rum bringen einen Hauch von Karibik nach Köln und regen an, die mannigfaltigen Geschmacksrichtungen dieses Getränks kennenzulernen. Drüber hinaus finden Sie in dem hübschen alten Ladenlokal eine feine Auswahl anderer hochwertiger Spirituosen.
Lübecker Str. 6, Eigelstein, http://koelner-rumkontor.de, U: Ebertplatz, Di–Fr 12–18, Sa 11–14 Uhr

Scharfe Früchtchen
Hennes' Finest A 3
Bei Hennes erfahren Sie nicht nur, wo der Pfeffer wächst, sondern auch wie er angebaut wird, und dass Pfeffer längst nicht gleich Pfeffer ist. Hennes hat sich auf den exquisiten Kampot Pfeffer spezialisiert, der in geringer Menge im Süden Kambodschas kultiviert wird. Natürlich gibt es auch das passende exquisite Zubehör und ausgefallene Derivate wie Pfeffergeist, Pfefferbalsam oder den Grilldip Tuk Meric. Das Geschäft mit den scharfen Früchtchen läuft so gut, dass Hennes inzwischen einen zweiten Laden im Belgischen Viertel eröffnet hat (B 5 , Moltkestr. 125).
Stammstr. 13, Ehrenfeld, www.hennesfinest.com, U: Venloer Str./Gürtel, Di–Fr 14–19, Sa 10–16 Uhr

> **STÖBERN**
>
> Über Floh-, Trödel- und Antikmärkte informieren die Tagespresse sowie www.rhein-antik.de, www.coelln-konzept.de oder www.flohmarkt-koeln.com.

FLOH- UND STRASSENMÄRKTE

Streetfood
Ökomarkt und Meet & Eat auf dem Rudolfplatz Karte 2, C 6
Auf dem Ökomarkt im Schatten der mittelalterlichen Hahnentorburg kann sich der Citybewohner zweimal wöchentlich mit Bio-Lebensmitteln direkt vom Erzeuger eindecken. Bei Meet & Eat am Donnerstag besteht zudem die Gelegenheit zu kosten. Ein geselliger Event, der in Köln gut ankommt.
Innenstadt, U: Rudolfplatz; Ökomarkt Mi 11–18, Sa 8–14 Uhr; Eat & Meet, http://www.meet-and-eat.koeln, Do 16–21 Uhr

Bazaratmosphäre
Wilhelmplatz D 1
Der Wochenmarkt im Herzen von Nippes ist der einzige in Köln, der täglich (außer So) stattfindet. Das Angebot ist kunterbunt, es reicht von Lebensmitteln über Klamotten bis zu Kurzwaren und diversen Ersatzteilen. Für Unterhaltung sorgen viel Lokalkolorit und ein bunter Nationalitätenmix.
Nippes, U: Florastr., Mo–Fr 7–13, Sa 7–14.30 Uhr

Klein und charmant
Flohmarkt Alte Feuerwache D 3
Einmal im Monat sonntags wird im hübschen Innenhof des Bürgerzentrums Alte Feuerwache getrödelt. Es sind kaum Profihändler anzutreffen, vielfach verkaufen Leute aus dem Veedel in entspannter Atmosphäre echte Secondhandware und Sammlerstücke.
Melchiorstr. 3, Agnesviertel, U: Ebertplatz, www.altefeuerwachekoeln.de, 8–17 Uhr

Der Klassiker
Trödel an der Galopprennbahn
außerhalb D 1
Den Flohmarkt auf dem Parkplatz an der Rennbahn gibt es schon seit über 30 Jahren. Ein Besuch lohnt auch wegen des historischen Geländes und der parkähnlichen Umgebung.
Scheibenstr. 40, Weidenpesch, U: Scheibenstr., www.troedel-mit.de, Mi, Fr, Sa ab 7 Uhr

GESCHENKE, DESIGN, KURIOSES

Die guten Dinge

Manufactum Karte 2, D 5

Wie ein Schiffsbug schiebt sich das Dischhaus als markantes Beispiel sachlicher Architektur der 1920er-Jahre in die Straßenkreuzung. Bruno Paul akzentuierte den Bau durch horizontal durchlaufende Fenster- und Brüstungsbänder. Innen fasziniert eine dynamisch geschwungene Treppenspirale. Im Erdgeschoss präsentiert der Multistore Manufactum sein erlesenes Warensortiment: Möbel, Wohnaccessoires, Werkzeug für Haus und Garten, Küchenutensilien, Kosmetika und Lebensmittel. Der verführerische Duft von frischgebackenem Brot verleitet dazu, zumindest auf einen Kaffee einzukehren.

Brückenstr. 23, im Dischhaus, Innenstadt, www.manufactum.de, U: Appellhofplatz/Breite Str., Mo–Fr 10–19, Sa 10–18 Uhr

WDR-Fanartikel

Maus & Co. Karte 2, D 5

In den markanten vielgliedrigen WDR-Arkaden hat Die Maus ihr Domizil. Im einzigartigen Mausladen dreht sich alles um den superschlauen Nager und seine Freunde – Käpt'n Blaubär, Shaun das Schaf, Wiwaldi, Der Maulwurf und Der Kleine Eisbär. Das Sortiment reicht von Plüschtieren über Kleidung, Schreibwaren und Tassen bis zu Büchern, CDs und DVDs. Wenn Sie Ihr Budget schonen wollen, gehen Sie besser nicht mit jüngeren Kindern hinein.

Breite Str. 6–26, in den WDR-Arkaden, Innenstadt, www.wdrshop.de, U: Appellhofplatz/Breite Str., Mo–Fr 10–19, Sa 10–18 Uhr

Der Kölner Duft

4711-Traditionshaus Karte 2, D 5

Einen Blickfang bildet in der Glockengasse die weiße, neogotische Fassade des 4711-Hauses mit dem Glockenspiel. Jeweils zur vollen Stunde (9–19 Uhr) erklingt die Marseillaise, oder auch eine andere Melodie, und mechanisch umlaufende Figuren erinnern an den historischen Augenblick, als die weltberühmte Marke geboren wurde. Nicht nur das Parfum, auch das Stammhaus verdankt seinen Namen den Franzosen: 1796 nummerierten sie alle Häuser durch und kreierten dabei den Namen 4711. Am Brunnen im Verkaufsraum können Sie sich mit Echt Kölnisch Wasser erfrischen. Über die 200-jährige Firmengeschichte informiert eine Dokumentation in der Galerie im ersten Stock.

Glockengasse 4, Innenstadt, www.4711.com, U: Appellhofplatz/Breite Str., Mo–Fr 9.30–18.30, Sa 9.30–18 Uhr

Franta präsentiert ausgefallene Design-Objekte des 20. und 21. Jh.

Klarer Durchblick auf der Shoppingmeile

Ein Urgestein
Gummi Grün Karte 2, D 6
In dem traditionsreichen Fachgeschäft verspürt man noch echt kölsches Lokalkolorit, abgesehen davon, dass hier alles auf Lager ist, was nur entfernt mit Gummi und Plastik zu tun hat. Unbedingt reinschauen! Ein paar Gummiringe können Sie sicherlich gebrauchen.
Richmodstr. 3, www.gummi-gruen.de, U: Neumarkt, Mo–Fr 9–18.30, Sa 9.30–16 Uhr

Für Profis und Amateure
Künstlerbedarf Dieter Bachmann
Karte 2, C 5/6
Hier schlagen die Herzen aller Kreativen höher: Farben, Pinsel, Leinwände und Papiere stapeln sich bis unter die Decke. Dazu gibt es kompetente Beratung.
Große Brinkgasse 9, Innenstadt, www.kuenstlerbedarf-bachmann.de, U: Neumarkt oder Rudolfplatz, Mo–Fr 10–18.30, Sa 10–18 Uhr

Down under
Australia Shopping World
Karte 2, B/C 5
Der kleine Laden ist vollgestopft mit Artikeln für den Aussie-Fan – von Spezialbier und Wein über die typischen Lederhüte und Känguru-Warnschilder bis hin zum Didgeridoo. Sogar ein Touristenvisum für Down under können Sie sich hier ausstellen lassen.
Limburger Str. 14, Belgisches Viertel, www.australiashop.com, U: Friesenplatz, Mo–Fr 11–19, Sa 11–16 Uhr

Nostalgische Raumkunst
Franta Karte 2, B 5
Mit farbenfrohen Einrichtungsgegenständen, nostalgischen Haushaltsgeräten, Jukeboxen, historischen Reklametafeln und bunten Neonschildern beschwört Franta den Charme vergangener Zeiten. Neben Industriedesign wie Zapfsäulen finden Sie auch kleine skurrile Objekte. Eine Fundgrube für Design-Freaks!
Maastrichter Str. 18, Belgisches Viertel, www.franta.de, U: Rudolfplatz, Mo–Fr 10–19, Sa 12–16 Uhr

Papier und mehr
Papelito Karte 2, B 7
Freunde von hochwertigen Papieren und Karten, edlen Stiften und ausgefallenen kleinen Geschenkartikeln werden diesen Laden sofort ins Herz schließen und hier sicher längere Zeit mit Stöbern und Aussuchen verbringen.
Zülpicher Str. 22, Univiertel, www.papelito-koeln.de, U: Zülpicher Platz, Mo–Fr 12–20, Sa 12–17 Uhr

Deko aller Art

Balloni außerhalb A 3

Sie wollen Ihr Zuhause neu dekorieren, ein Fest veranstalten oder suchen einfach nur ein originelles Geschenk? In der ehemaligen Backstein-Fabrikhalle gibt es jede Menge Inspiration und dazu Ballons in großer Auswahl.

Ehrenfeldgürtel 88–94, Ehrenfeld, www.balloni.de, U: Venloer Str./Gürtel, Mo–Fr 9.30–19, Sa 9.30–17 Uhr

Unter Denkmalschutz

Design Post H 5

In den beeindruckenden Posthallen von 1913 entstand eine Flaniermeile für Design-Liebhaber. Hier können Sie sich über aktuelle Einrichtungstrends informieren. Der Weg nach Deutz lohnt sich!

Deutz-Mülheimer-Str. 22 a, Deutz, www.designpostkoeln.de, U: Koelnmesse, Mi–Fr 10–18, Sa 10–16 Uhr

MODE, ACCESSOIRES

Schick behütet

cappelleria Karte 2, D 6

Beate Rettich bezieht ihre Hutkollektion aus den Ateliers europäischer Designer. Alle Kopfbedeckungen werden nach Maß und Farbwunsch angefertigt. Schick behütet zu sein, hat allerdings seinen Preis!

Richmodstr. 7, Innenstadt, www.cappelleria.eu, U: Neumarkt, Mo–Fr 10–19, Sa 10–18 Uhr

Der Outdoor-Spezialist

Globetrotter Karte 2, D 5

Hinter der denkmalgeschützten Fassade des Olivandenhofs können Sie auf mehreren Etagen ihr Outfit für den Aufenthalt in der Natur zusammenstellen und in der Kältekammer oder im Kanubecken sofort auf Tauglichkeit überprüfen.

Richmodstr. 10, im Olivandenhof, Innenstadt, www.globetrotter.de, U: Neumarkt, Mo–Do 10–20, Fr, Sa 10–21 Uhr

Mokasins & Ponchos

Cotopaxi Karte 2, D 5

Henriette und ihr Team bringen original indianische Produkte aus Nord- und Südamerika nach Köln. Der Fokus liegt auf Mokassins aus Kuh-, Hirsch- und Elchleder, Ponchos, Schultertüchern und Pullover aus Alpaka-Wolle. Die Produkte stammen ausschließlich aus Fair-Trade-zertifizierten Cooperativen oder werden direkt von indigenen Produzenten bezogen. Ihre Auswahl können Sie bei einer Tasse Tee oder Kaffee überdenken – im Sommer auf der hübschen Hofterrasse.

Auf dem Berlich 7, Innenstadt, U: Appellhofplatz/Breite Str., http://cotopaxi.koeln, Mo–Sa 12–20 Uhr

Ein luftiges Unterfangen

Carlo Jösch Atelier Karte 2, D 5

Neben Anzügen, Hosen und Jacketts fertigt der Couturier auch echte Schottenröcke. Mit etwa 700 € ist das maßgefertigte Kunstwerk in Karos allerdings nicht ganz billig. Prominente Träger des Kilts made in Cologne sind übrigens Musiker der Gruppe Brings.

Mohrenstr. 12, Friesenviertel, T 0221 170 68 21, www.carlo-joesch.de, U: Appellhofplatz/Zeughaus, Mo–Fr 11–14, 16–19.30, Sa 11–16 Uhr

Feinstes aus Leder

Hack Karte 2, B 5

Christoph Hack wählt für die Fertigung seiner exklusiven Maßkleidung hochwertige Leder von Rind und Wild, aber auch von Ross und Känguruh. Für den unvergleichlichen Tragekomfort des Hirschleders sorgt ein besonderes Gerbverfahren, die sogenannte Altsämischgerbung.

Maastrichter Str. 22, Belgisches Viertel, www.lederware.de, U: Rudolfplatz, Mo–Fr 11–13.30, 14–19, Sa 11–16 Uhr

Design aus Köln

Blauer Montag Karte 2, C 5

Moni Wallberg und Nina Hempel entwerfen Wohlfühlklamotten für Frauen und Männer. Die Kollektionen werden nur in geringer Stückzahl gefertigt und fortlaufend durch neue Modelle ergänzt. Außerdem im Sortiment die handbedruckten Strümpfe von Meike Diedeling.

Limburgerstr. 6, Belgisches Viertel, www.blauer-montag.com, U: Friesenplatz, Di–Fr 12–19, Sa 12–16 Uhr

»Wenn et Trömmelche jeht, ...«

...weiß die Mundartband De Räuber, dann sind die Kölner Jecken nicht mehr zu halten. Aber auch außerhalb der Karnevalssession verspüren Einheimische und Imis, so heißen die Wahl-Kölner, einen ungeheuren Drang zur Kommunikation und zum geselligen Beisammensein. Ein Grund zu feiern ist schnell gefunden. Couch Potatoes sind in Köln eine eher seltene Spezies.

Wichtigste Anlaufstelle für ein leckeres Kölsch, am liebsten frisch gezapft vom Fass, und Börse für den neuesten Tratsch aus der Nachbarschaft ist immer noch die *Weetschaff op d'r Eck*. Kennzeichen dieser kölschen Institution sind eine lange Theke, Tische und Stühle aus Holz, Fenster mit farbigem Glas und vom Zigarettenqualm vergilbte Wände. Rauchen ist heute aber auch hier tabu.

In den Szenevierteln sind die urigen Eckkneipen allerdings auf dem Rückzug. Hier herrscht ein cooler, bisweilen trashiger Look vor. Kölsch ist out, Craft Beer und Cocktails sind angesagt. Und aus den Boxen dröhnt alles, nur keine kölschen Töne. Sehen und Gesehenwerden ist oberstes Gebot.

Zum Wandel der Kneipenlandschaft tragen nicht zuletzt die etwa 75 000 Studierenden bei. Akzente setzt zudem die zweitgrößte Gay Community nach San Francisco. Ein buntes Angebot für Nachtschwärmer, das sich permanent neu erfindet, ist da selbstverständlich.

Odonien – Abfeiern auf dem Schrottplatz

ZUM SELBST ENTDECKEN

Natürlich herrscht in der **Altstadt** jederzeit Trubel, aber die Einheimischen bevorzugen andere Viertel. Im **Kwartier Latäng** bzw.dem Bermudadreieck rund um den Zülpicher Platz gehen Schüler und Studenten nach geistigen Höhenflügen zu flüssigem ›spiritus‹ über. Die Szene tummelt sich im **Friesenviertel** und im **Belgischen Viertel.** Auch die **Südstadt** gewinnt wieder an Attraktivität und lädt mit Lokalen an fast jeder Ecke zum nächtlichen Streifzug ein. Als Hauptflaniermeile üben die **Ringe** zwischen Barbarossaplatz und Christophstraße mit Kinos und In-Imbissen eine große Anziehungskraft aus. Das junge Partyvolk scheut aber auch nicht den Weg in die äußeren Stadtviertel, vor allem nach **Ehrenfeld, Deutz** und **Mülheim,** wo sich in ehemaligen Industriebrachen attraktive Clubs und Veranstaltungshallen etabliert haben.

BARS UND KNEIPEN

Allrounder

Zum Scheuen Reh Karte 2, B 4
Die angesagte Bar im Bahnhofsgewölbe unterhält auf vielfältige Weise mit Fußballübertragungen, Lesungen, Konzerten und Tanzen. Chillen kann man im Liegestuhl, die vorbeirauschenden Züge gehören zur urbanen Hintergrundmusik. Morgens (Mo–Fr 6.30–11 Uhr) schenkt der Kiosk Kaffee zum Munterwerden aus.

Hans-Böckler-Platz 2, Belgisches Viertel, T 0177 887 58 40, http://zum-scheuen-reh.de, Mo–Do 17–2, Fr, Sa 17–5 Uhr

Zwitter

Pepe Bar & Restaurant
Karte 2,B 5
Das Pepe schlägt zwei Fliegen mit einer Klappe, indem es Restaurant und Bar kombiniert. Die Küche liefert kreative mediterrane Gerichte von solider Qualität. Vor oder nach dem Essen schlürfen die Gäste an der Bar im vorderen Teil ein Gläschen Champagner oder lassen sich vom versierten Personal einen Drink mixen. Es lohnt, auch nur auf ein Getränk hereinkommen.

Antwerpener Str. 63, Belgisches Viertel, T 0221 510 14 14, http://pepe.de, Mo–Do 18–2, Fr, Sa 18–3 Uhr, HG ab 14,90 €

Aus dem Kräutergarten

Spirits Karte 2, B 6
Über der wuchtigen Theke reflektiert ein Spiegel die hochwertigen und hochprozentigen Spirituosen. Daraus zaubern der vom Magazin »Mixology« geadelte Dominique Simon und sein Barteam vorzügliche Drinks, denen Kräuter und auch frisches Gemüse einen ganz besonderen Pepp geben. Im Hintergrund läuft dezenter Soul, am Wochenende legt ein DJ auf.

Engelbertstr. 63, Univiertel, T 0221 20 53 80 44, www.spiritsbar.de, U: Rudolfplatz, Mo–Do 20–2, Fr, Sa 20–3 Uhr

Legendäre Jazzpinte

Metronom Karte 2, C 7
Dem schlauchförmigen Lokal mit der Nikotinpatina fehlt zwar die Bühne für regelmäßige Livemusik, aber die Sammlung der über 1000 echten Vinyl-LPs, von Swing bis Bebop, lässt das Herz von Jazzfreaks aller Altersklassen höher schlagen. Die Kultkneipe existiert bereits seit 1968 und ist Teil der Kölner Jazz-Geschichte.

Weyerstr. 59, Innenstadt, T 0221 21 34 65, www.metronom.koeln, U: Barbarossaplatz, tgl. 20–1 Uhr

Nobel

Rosebud Karte 2, B 7
Sie ist nicht sehr groß, aber der »Playboy« wählte sie einmal zur schönsten Bar Deutschlands. Auch wenn dies bereits einige Jahre zurückliegt, so zeigt sich das Ambiente mit edlen

VERANSTALTUNGSHINWEISE UND TICKETS

Über **Veranstaltungen** aller Art informieren Stadtmagazine und Tageszeitung auch tagesaktuell im Internet unter www.koelner.de, www.stadtrevue.de und http://termine.ksta.de. Tipps fürs **Nachtleben** gibt www.bartime.de, während sich www.salsa-koeln.de auf die Latinofans konzentriert. Das aktuelle **Bühnenprogramm** inklusive Kritiken hält www.theaterszene-koeln.de bereit, die besten Infos zum **Kinoprogramm** www.choices.de/kino. Liebhaber **klassischer Musik** finden alle Veranstalter unter www.koelnklassik.de.

Eintrittskarten für mehr als 5000 Happenings pro Jahr bieten **Köln Ticket** (T 0221 28 01, www.koeln ticket.de, Mo–Fr 8–20, Sa 9–18, So 10–16 Uhr) und **KölnMusik Ticket** (Roncalliplatz, im Römisch-Germanischen Museum, Mo–Fr 10–18, Sa 10–16 Uhr, Hotline T 0221 28 02 80).

In jedem Brauhaus, das auf sich hält, wird das Kölsch frisch vom Fass gezapft.

Hölzern, schummrigem rotem Licht und Kerzenschein modern-stilvoll wie eh und je. Die professionell gemixten Cocktails sind von konstant exzellenter Qualität und dabei nicht zu teuer. Chillige Hintergrundmusik trägt zur Tiefenentspannung bei.

Heinsbergstr. 20, Univiertel, T 0221 240 14 55, www.rosebud.de, U: Zülpicher Platz, Mo–Do 21–2, Fr, Sa 21–3 Uhr

Kneipentheater

Filmdose ✪ Karte 2, B 7

Das Urgestein der Kneipenszene im sogenannten Bermudadreieck zwischen Zülpicher-, Kyffhäuser- und Roonstraße ist für manchen im Univiertel ein zweites Zuhause, selbst wenn er dem Studentenalter schon längst entwachsen ist. Die lässige Atmosphäre und moderate Preise tragen dazu bei, ebenso wie die Außentische in strategisch günstiger Lage. Ralf Morgenstern, Dirk Bach und Hella von Sinnen sowie Wally Bockmayer, der Verfasser schriller Klamaukstücke, starteten hier ihre Karriere. Auf der kleinen Bühne wird auch heute noch Theater gespielt.

Zülpicher Str. 39, Univiertel, T 0221 23 96 43, www.filmdose-koeln.de, U/S: Dasselstr, Mo–Fr 12–1, Sa 10–1, So 10–24 Uhr

Hommage an die Eckkneipe

Suderman ✪ D 3

Dunkle Farbtöne, bequeme Ledermöbel, eine schöne Holztheke und ein tolles DJ-Programm sorgen für ungezwungenes Verweilen. Auch die Menschen aus dem *Veedel* lieben den Club. Neben Kölsch und Weizen wird auch immer ein Spezialbier frisch gezapt. Craft Beer von kleinen Manufakturen sowie ausgefallene Cocktails runden das Angbeot ab. Das sympathische Personal ist flink und sachkundig.

Sudermanplatz 3, Agnesviertel, T 0221 96 26 55 06, bei Facebook, U: Ebertplatz, Di–Do 19–1, Fr, Sa 19–3, So 19–12 Uhr

BRAUHÄUSER

Treffpunkt am Feierabend

Brauhaus Pütz ✪ Karte 2, B 6

Der große, aber verwinkelte Gastraum und die Schwemme in Backsteinoptik sind einfach urig, auch wenn das Brauhaus nicht zu den alteingesessenen Adressen zählt. Aus dem Zapfhahn fließt Mühlen-Kölsch, das von den Köbessen immer zügig serviert wird.

Engelbertstr. 67, Belgisches Viertel, T 0221 21 11 66, bei Facebook, U: Rudolfplatz, Mo–Do 12–24, Fr, Sa 12–1, So 16.30–23.30 Uhr

Wunderbar altertümlich

Haus Töller ✪ Karte 2, C 7

Die Traditionsschänke ist seit einiger Zeit der absolute Renner. Auch junges Publikum kehrt gerne ein und entdeckt seine Vorliebe für kölsche Brauhauskultur, drangvolle Enge an blankgescheuerten Tischen und vorlaute Köbesse (hier auch weibliche) inbegriffen. Selbst die piefige hölzerne Kasettendecke gehört unbedingt zum stimmigen Bild. Zur Beliebtheit tragen auch Päffgen-Kölsch und respektable kölsche Küche bei. Nur der Ort, um das Kölsch wieder zu entsorgen, ist unzureichend – je später der Abend, je länger die Schlange, zumindest vor der Tür mit dem ›D‹.

Weyerstr. 96, Innenstadt, T 0221 258 93, http://www.haus-toeller.de, U: Barbarossaplatz, 16 Uhr

Klein und schnell voll

Max Stark ✪ E 3

In der Brauhauskneipe nahe der Musikhochschule bleibt die Stammkundschaft meist unter sich. Aber auch ohne ›Kölsch-Touristen‹ aus anderen Stadtteilen ist der erstaunlich kleine Schankraum bereits früh am Abend rappelvoll. Der *Zappes* kommt dann mit dem Päffgen-Kölsch kaum noch nach. Schluss ist hier üblicherweise, wenn das Fass leer ist und es nicht mehr lohnt, ein neues anzuschlagen.

Unter Kahlenhausen 47, Altstadt Nord, T 0221 200 56 33, U: Ebertplatz, tgl. ab 11 Uhr

LIVEMUSIK

Renommiert

Stadtgarten/Studio 672

✪ Karte 2, B 5

Der Stadtgarten ist seit vielen Jahren eine internationale Institution in Sachen Musik. Sein Saal ist bei den Konzerten fast immer ausgebucht. Das Programm bietet die neuesten Trends des Jazz sowie aktuelle europäische Improvisationsmusik. Außerdem ist ambitionierte Rock- und Popmusik zu hören. Der Kellerclub **Studio 672** gibt Nu und Jazz, der Avantgarde-Musik sowie der Elektronikszene, die in Köln ohnehin ihre heimliche Hauptstadt gefunden hat, Möglichkeiten sich frei zu entfalten. Beliebt sind auch die Partys im Stadtgarten mit Funk, Soul, House, Techno oder Drum 'n' Bass.

Venloer Str. 40, Belgisches Viertel, T 0221 95 29 94-0, www.stadtgarten.de, U/S: Hans-Böckler-Platz, Restaurant Mo–Do 12–1, Fr, Sa 12–2, So 10.30–1 Uhr, Partys in der Regel Fr, Sa ab 23 Uhr

Mit Glanz und ...

Gloria ✪ Karte 2, C 6

Das ehemalige Kino aus den 1950er-Jahren ist ein Treffpunkt der lesbisch-schwulen Gemeinde, aber auch Heteros fühlen sich hier wohl. Im Foyer-Café machen City-Besucher gerne Rast, um eine Kleinigkeit zu essen. Regelmäßig lädt das Gloria ein zu Pop- und Rockkonzerten, Lesungen, Theaterstücken, Comedy- und Kabarettveranstaltungen und präsentiert dabei internationale Weltstars sowie die besten Comedians der Republik. Zwei bis dreimal im Monat, meist freitags und samstags, mutiert der Konzertsaal zur 200 m² großen Partyfläche.

Apostelnstr. 11, Innenstadt, T 0221 66 06 30, http://gloria-theater.com, U: Neumarkt, Café Mo–Sa 12–19 Uhr

Filmreif

Blue Shell ✪ Karte 2, C 7

Mit ihrem coolen Look hat die kultige Eckkneipe bereits in so manchem Kino- oder Fernsehfilm als Kulisse gedient. Stammgäste trinken im surrealistischen Neonblau an der Theke ein Bier oder spielen eine Partie Billard. Von Sonntag bis Donnerstag legen DJs ab 23 Uhr ausgefallenen Barsound auf. Vor allem aber unterhalten regelmäßig Live-Acts mit unterschiedlichsten Musikstilen – von Rock und Punk über Singer-Songwriter bis zu Folk. Ab und an üben sich Literaten im Poetry Slam.

Luxemburger Str. 32, Univiertel, T 0163 619 51 38, www.blue-shell.de, U: Barbarossaplatz, tgl. 21–5 Uhr

Feste Größe

Luxor ✪ Karte 2, C 7

Der legendäre Club ist nach wie vor eine der wichtigsten Player im Kölner Musikbusiness. Kaum eine Rock- oder Indiegröße, die hier nicht schon aufgetreten ist. Mehrmals wöchentlich finden Livekonzerte statt, und fast immer ist es proppenvoll. Bei den Mottopartys, meist am Freitag und Samstag, tanzen bis zu 500 Gäste zu Rock, Pop, Indie, Electro und House.

Luxemburger Str. 40, Univiertel, T 0221 92 44 60, www.luxor-koeln.de, U: Barbarossaplatz, bei Konzerten Einlass 19 Uhr, Partys in der Regel ab 23 Uhr

Avantgarde

Loft ✪ A 3

Die ehemalige Fabriketage wurde 1989 in einen Konzertsaal mit exzellenter

P
PROVISORIEN

… Pech und Pannen begleiten die Sanierung des **Kölner Opern- und Schauspielhauses** (www.buehnenkoeln.de). Schon längst sollten die Häuser am Offenbachplatz wieder eröffnet sein, doch inzwischen ist gewiss, dass es noch Jahre dauern wird. Die Oper hat im **Staatenhaus** (🕮 G 4) in der Messe ihr Interimsquartier bezogen. Das Schauspiel hat seine provisorische Spielstätte im **Carlswerk** (🕮 außerhalb H 3) in Köln-Mülheim so lieb gewonnen, dass es hier dauerhaft ein zweites Haus einrichten möchte.

Akustik verwandelt. Musiker aus In- und Ausland schätzen die besondere Atmosphäre. Vor allem Avantgarde-Jazz und improvisierte Neue Musik stehen auf dem Programm.

Wissmannstr. 30, Ehrenfeld, T 0221 952 15 55, www.loftkoeln.de, U: Venloer Str./Gürtel, Konzerte ab 20.30 Uhr

Hippe Location

ARTheater ✪ außerhalb A 3

Der unscheinbare Flachbau nahe der Bahnunterführung lässt nicht ahnen, dass es sich um einen der Hotspots im Ehrenfelder Nachtleben handelt. Zu den Partys am Wochenende pilgern junge Nachtschwärmer aus ganz Köln hierher, um ordentlich abzufeiern. Es ist aber auch ein Ort für Kunst, Theater und Musik. Bei Jazz-O-Rama am Dienstag (21.30 Uhr) sind klassische und moderne Jamsessions zu hören.

Ehrenfeldgürtel 127, Ehrenfeld, T 0221 550 99 60, http://artheater.info, U: Venloer Str./Gürtel

Total schräg

Odonien ✪ C 2

Kölns verrückteste Off-Location ist der von Bildhauer Odo Rumpf gegründete ›Freistaat‹ im Niemandsland zwischen Bahngleisen und Europas größtem Bordell. Rumpfs Metallskulpturen, die das Gelände und die Werkshallen ›bevölkern‹, erzeugen eine surreale Mischung aus Schrottplatz und »Terminator«. Die Partys sind vielfältig, die Veranstaltungen reichen von Konzerten über Kunsthappenings bis zum Open-Air-Kino. Die Fans scheuen weder den langen Weg, noch die Riesenschlange am Eingang.

Hornstr. 85, Ehrenfeld, T 0221 972 70 09, www.odonien.de, S: Nippes, Biergarten wetterabhängig Mai–Sept. Do–Sa ab 17, So ab 15 Uhr, sonst je nach Veranstaltung

Allroundhalle

E-Werk ✪ außerhalb H 3

Der denkmalgeschützte Backsteinbau des ehemaligen Elektrizitätswerks in Mülheim bietet über 3000 Gästen Platz. Es finden zahlreiche Livekonzerte und Kabarettveranstaltungen statt. Während der Karnevalssession sorgt die Stunksitzung immer für ein volles Haus.

Schanzenstr. 37, Mülheim, www.e-werk-cologne.com, U: Wiener Platz (weiter Bus 151/152/153 bis Keupstr.), Zeiten je nach Veranstaltung

TANZEN

Salsa-Hochburg

Petit Prince ✪ Karte 2, C 5

Der kleine Discokeller vibriert zu karibischen Rhythmen. Merengue, Salsa, Bachata, Kizomba und Latin Music bringen die Tänzer in Schwung, und wer noch etwas hüftsteif ist, kann in Gratis-Tanzkursen schnell die richtigen Schritte lernen – das Bacardi-Feeling stellt sich dann von selbst ein. Ein Dauerbrenner ist die Pow Pow Party mit neuesten Hits aus Jamaika, dem Mutterland des Reggae.

Hohenzollernring 90, T 0221 12 22 49, www.petitprince.de, U: Friesenplatz, Mi ab 21, Do ab 20, Fr ab 23, Sa ab 22 Uhr

Feiern unter Bahngleisen

Club Bahnhof Ehrenfeld – CBE

✪ außerhalb A 4

Die Trend-Location im ohnehin angesagten Stadtteil Ehrenfeld. In zwei Bögen unter dem Ehrenfelder Bahnhof gibt es Partys, Konzerte, Poetry Slam Sessions und Stand-up Comedy, dazu eine Lounge mit gemütlichen Sofas und vor dem Eingang eine selbstgezimmerte Biergarten-Terrasse.

Bartholomäus-Schink-Str. 65–67, Ehrenfeld, T 0221 29 19 95 30, http://cbe-cologne.de, U: Venloer Str./Gürtel

In der ehemaligen Fabrik

Live Music Hall ✪ außerhalb A 4

In der großen Halle (1500 Gäste) fordern seit Jahren drei Partys zum Abtanzen auf. Freitags bringt entweder ›Poplife‹ das Publikum mit R 'n' B, Pop und Party Classics in Stimmung oder die ›80er/90er-Jahre Party‹ heizt ein mit NDW und Wave. Außerdem stehen regelmäßig bekannte Bands sowie Newcomer auf der Bühne.

Lichtstr. 30, Ehrenfeld, T 0221 954 29 90, www.livemusichall.de, U: Venloer Str./Gürtel, Fr ab 21, Sa ab 22 Uhr, Konzerte ab 20 Uhr

Ü30 und älter

Kantine/Yard Club ✪ außerhalb D 1

Als die ehemalige Kantine des Ausbesserungswerks der Bahn in Nippes einer Neubausiedlung weichen musste, bezog die dort beheimatete Diskothek zwar eine neue Location, aber der alte Name blieb. Die regelmäßigen Veranstaltungen ›My Generation‹, ›40 Up Party‹, ›Club Party‹ oder ›Nachtaktiv‹ sprechen mit einem guten Musikmix aus alten und neuen Hits Tanzfreudige ab 30 an. Im Sommer wird bei schönem Wetter draußen gefeiert. Zu den Konzerten, die oft im benachbarten Yard Club veranstaltet werden, findet sich ein gemischtes Publikum ein.

Neusser Landstr. 2/Ecke Militärring, Niehl, T 0221 167 91 60, www.kantine.com, U: Wilhelm-Sollmann-Str., Mi ab 20, Fr ab 21, Sa ab 22 Uhr, Konzerte ab 20 Uhr

Techno am Hafen

Bootshaus: ✪ H 3

Die Halle auf dem ehemaligen Kölner Werftgelände bietet Anhängern der elektronischen Musik auf drei Areas Raum zum Feiern, Tanzen und Ausrasten. Der Schwerpunkt liegt dabei auf Techno, Electro House und Trap.

Auenweg 173, Deutz, T 0221 98 94 48 40, www.bootshaus.tv, U: Deutz/Messe oder Deutz/Messeplatz, weiter mit Bus 150 bis Endhaltestelle Thermalbad

Im Pepe wird fürs leibliche Wohl auch in flüssiger Form gesorgt.

Hin & weg

Ankunft

Mit dem Flugzeug

Der **Köln Bonn Airport – CGN** (🕮 Karte 3; www.koeln-bonn-airport.de) ist ein zentrales Drehkreuz der Low-Cost-Carrier. Der Flughafen liegt knapp 20 km südöstlich des Zentrums an der A 59 und der ICE-Strecke Köln–Frankfurt. Rund um die Uhr verkehren S-Bahnen und Regionalzüge zwischen Flughafen, Messe Deutz und Hauptbahnhof, Fahrzeit ca. 15 Min. Die Taxifahrt in die Innenstadt dauert mind. 15 Min. und kostet ca. 35 €.
Der **Flughafen Düsseldorf** (www.dus.com) liegt eine knappe Bahnstunde von Köln entfernt.

Mit der Bahn

Vom **Kölner Hauptbahnhof** (🕮 E 4/5; http://koeln-hbf.de) liegt touristenfreundlich mitten in der Stadt unmittelbar neben dem Dom. Der **Bahnhof Köln Messe/Deutz** (🕮 G 5; www.bahnhof.de) im Rechtsrheinischen gewinnt als zweiter innerstädtischer ICE-Terminal zunehmend an Bedeutung. Eine kostenlose Fahrplanauskunft gibt es unter T 0800 150 70 90. Auf dem Smartphone informiert der DB Navigator.

Mit dem Bus

Mehrere Fernbuslinien steuern Köln an (www.busliniensuche.de). Der **Fernbusbahnhof** befindet sich am Flughafen Köln Bonn neben dem Terminal 2 (🕮 Karte 3). Der **regionale Busverkehr** wird auf dem Breslauer Platz (🕮 E 4/5, unmittelbar hinter dem Hauptbahnhof abgewickelt.

Mit dem Auto

Die Stadt wird von einem mehrspurigen Autobahnring umschlossen, auf dem Tempo 100 km/h gilt. Wegen des hohen Verkehrsaufkommens, sanierungsbedürftiger Brücken und Baustellen kommt es regelmäßig zu Staus. Achtung! Das Gebiet innerhalb des Autobahnrings wurde zur Umweltzone deklariert und darf nur von Fahrzeugen mit grüner Feinstaubplakette befahren werden. Große Park & Ride-Plätze am Stadtrand ermöglichen den Umstieg vom Auto auf die Bahn. Wer ins Zentrum fährt, sollte dem elektronischen Verkehrsleitsystem folgen und eines der über 30 Parkhäuser ansteuern. Am besten aber reisen Sie mit öffentlichen Verkehrsmitteln an.

KölnCard

Das Ticket im Scheckkartenformat berechtigt zur freien Fahrt mit Bus und Bahn im Stadtgebiet Köln. Darüber hinaus bietet die Card zahlreiche Vergünstigungen, z. B. in Museen, Kultur- und Freizeiteinrichtungen, beim Sightseeing und Shopping. Genaue Informationen und eine Liste der Kooperationspartner findet sich auf www.koelntourismus.de. Erhältlich ist die Karte bei KölnTourismus, in Kölner Hotels sowie in den Kundenzentren und den stationären Fahrkartenautomaten der Kölner Verkehrs-Betriebe (KVB). Bestell-Hotline T 0221 346 43-0. Köln Card Tarife: Einzel 24 Std. 9 €, 48 Std. 18 €; Gruppe bis zu 5 Personen 24 Std. 19 €, 48 Std. 38 €.

Informationen

KölnTourismus: 🕮 Karte 2, E 5
Kardinal-Höffner-Platz 1, 50667 Köln, T 0221 346 43-0, Fax 0221 34 64 34 29, info@koelntourismus.de, Mo–Sa 9–20, So 10–17 Uhr.

Stadtmagazine

Kölner Illustrierte und StadtRevue veröffentlichen in ihren monatlich erscheinenden Printausgaben einen umfassenden Veranstaltungskalender. Neben Gastro-

und Szenetipps gibt es auch redaktionelle Beiträge zu Kultur, Sport, Sozialem und Wirtschaft. Im Internet informiert neben den genannten Magazinen (www.koelner.de, www.stadtrevue.de) auch PrinzKöln (http://prinz.de/koeln/). Im »Magazin«, der täglichen Beilage des Kölner Stadt-Anzeigers, findet man die Veranstaltungen des Tages bzw. der Woche.

Im Internet
www.koeln.de: Das offizielle Stadtportal ist ein Spiegel aller Aspekte des Kölner Stadtlebens. Es beinhaltet u. a. aktuelle Nachrichten, Infos zu den Sehenswürdigkeiten, einen Gastro- und Shopping-Guide, Kultur- und Szenetipps mit aktuellem Terminkalender, ein Branchenverzeichnis, einen Navigator mit über 10 000 Weblinks aus der Region Köln/Bonn, einen Chatraum sowie einen interaktiven Stadtplan. Quicklinks führen zu den Hauptsehenswürdigkeiten und Veranstaltungsorten, zu Flughafen und Hauptbahnhof sowie zum Fremdenverkehrsamt und zur Messe. Auf dem Smartphone informiert die offizielle App der Stadt Köln.
www.koelntourismus.de: Die Website des Fremdenverkehrsamtes bietet neben Infos zum Downloaden vielfältige Serviceangebote wie einen Eventkalender inkl. Ticketshop, Gastro-Guide, Hotelzimmerreservierung oder Onlinebuchung von Stadtführungen. Unterwegs ist die Köln Guide-App nützlich.

REISEN MIT HANDICAP

Menschen mit Handicap finden auf www.koelntourismus.de in der Rubrik Service unter dem Stichwort ›Köln für alle – barrierefrei‹ spezielle Informationen und Angebote. Oder auf der Startseite einfach auf das Rollstuhlsymbol klicken. Bei KölnTourismus bekommen Sie auch das Buch »Einfach Köln«. Es stellt in leicht verständlicher Sprache und Großdruck neun rollstuhltaugliche Stadtentdeckungstouren vor. Für Rollstuhlfahrer ist zudem die App von https://wheelmap.org hilfreich.

Mit dem Segway Köln erkunden

SICHERHEIT UND NOTFÄLLE

Ich wage zu behaupten, dass Köln nicht sicherer oder unsicherer als andere deutsche Goßstädte ist, auch wenn die immer wieder in den Medien gezeigten Sequenzen vom Neujahrswechsel 2015/2016 etwas anderes suggerieren. Die Polizeipräsenz wurde seither vor allem rund um den Hauptbahnhof erhöht und zeigt – glaubt man den neuesten Statistiken – Erfolg. Taschendiebstähle stellen dennoch weiterhin ein großes Risiko dar. Vor allem im Gedränge auf Shoppingmeilen, Märkten und Festen ist ein wachsames Auge geboten. Und wie überall sollten Frau und Mann nachts dunkle und unbelebte Ecken meiden. Unter www.koelntourismus.de (Stichwort: Service/Informationsmaterial) führt ein Link zu Verhaltenstipps der Polizei.

Allgemeiner Notruf: T 112
Polizei: T 110
Allgemeinärztlicher Bereitschaftsdienst: T 116 117
Zahnärztlicher Notdienst: T 01805 98 67 00 (14 Ct./Min.)
Apotheken-Notdienst: T 0800 002 28 33, Mobil T 228 33 (69 Ct./Min.)
ADAC-Pannenhilfe: T 01802 22 22 22 (6 Ct./Anruf), Mobil T 22 22 22
Kreditkarten Sperr-Notruf: T 116 116, www.sperr-notruf.de
Fundbüro Stadt Köln: Ottmar-Pohl-Platz 1 (Eingang Dillenburger Str. 25),

T 0221 221-0, U: Kalk Post, Mo, Do 8–16, Di 8–18, Mi, Fr 8–12 Uhr
Österreichische Botschaft: Berlin, T 030 20 28 70, berlin-ob@bmeia.gv.at
Schweizerische Botschaft: Berlin, T 030 390 40 00, ber.vertretung@eda.admin.ch

UMWELTFREUNDLICH UNTERWEGS

Kölner Verkehrsbetriebe (KVB)
Busse und Bahnen verkehren werktags zwischen 4 und 2 Uhr, an Wochenenden und vor Feiertagen durchgehend (ab Mitternacht allerdings nur im Stundentakt). Fahrplanauskunft erhalten Sie unter T 0800 350 40 30, im Internet unter www.kvb-koeln.de oder per KVB-App. Fahrscheine gibt es an den Fahrkartenautomaten in allen U-Bahnhöfen, an den größeren Straßenbahn- und Bushaltestellen und in den Bahnen sowie in ausgewiesenen Kiosken. Die Kurzstrecke (1,90 €) gilt für Fahrten bis zu vier Stationen, ab fünf Stationen innerhalb Kölns benötigt man das CityTicket (1b; 2,80 €). 4erTickets und TagesTickets für eine oder bis zu fünf Personen sind ggf. günstiger.

Taxi-Ruf Köln
T 0221 28 82, taxi.eu-App, www.taxiruf.de. Taxis warten am Hauptbahnhof und an den zentralen Stadtplätzen. Der Grundpreis beträgt 3,50 €, dazu addiert sich ein Kilometerpreis von 1,90 € (1–7 km) bzw. 1,70 € (ab 8 km) sowie für Wartezeiten 0,50 €/Min. und bei Zahlung mit Kreditkarte 1 €.

Radverleih
Call a Bike: www.callabike-interaktiv.de sowie Call a bike-App. Ca. 300 Hightech-Räder stellt die Bahn in Köln registrierten Kunden fast ganzjährig zur Verfügung (Details im Internet).
KVB-Rad: Hotline T 0341 39 29 53 89, www.kvb-rad.de, KVB-mobil-App oder nextbike-App. Einmal registriert, steht Ihnen nicht nur der Radservice der KVB in Köln zur Verfügung, sondern weltweit alle nextbike-Verleihsysteme.
Radstation Köln: 🕮 Karte 2, E 5, Breslauer Platz, links vom Bahnhofseingang, T 0221 139 71 90, www.radstationkoeln.de, Mo–Fr 5.30–22.30, Sa 6.30–20, So 8–20 Uhr. Radverleih, 900 bewachte Stellplätze, Reparatur und Reinigung. Außerdem tgl. um 13.30 Uhr geführte dreistündige Velotouren. **Zweigstelle** am Rheinufer (🕮 Karte 2, E 6, Markmannsgasse, T 0171 629 87 96, April–Okt. tgl. 10–18 Uhr).

SCHIFFSTOUREN

Die Schiffe verkehren in der Regel täglich von Ostern bis Okt. sowie unregelmäßig Sa, So von Okt. bis Mitte Dez.

Auf Inlinern rund um die Lanxess Arena

Dampfschiffahrt Colonia: 🕮 Karte 2, F 5, Hohenzollernbrücke, T 0221 257 42 25, www.dampfschiffahrt-colonia.de, mehrmals tgl. ab 10 Uhr einstündige Panoramafahrten rheinabwärts bis Zoo und Mülheim.
Köln-Düsseldorfer River Invest (KD): 🕮 Karte 2, F 5/6, Frankenwerft 35, Rheingarten, T 0221 208 83 18, www.k-d.de. Einstündige Panoramafahrten mehrmals tgl. ab 10.30 Uhr; Abendfahrten Mi, Do 20–22, Sa 20–23 Uhr mit Buffet, Getränken und Musik; 1. und 3. So im Monat Brunchfahrten; in den Sommerferien Tagesfahrten nach Zons; Linienverkehr tgl. rheinaufwärts, u. a. nach Königswinter und zum Drachenfels.
KölnTourist: 🕮 Karte 2, F 4, Konrad-Adenauer-Ufer, T 0221 12 16 00, www.koelntourist.net. Mehrmals tgl. ab 10.15 Uhr einstündige Panoramafahrten rheinaufwärts bis Rodenkirchen; Juli/Aug. mehrmals wöchentlich Tagesfahrten rheinaufwärts bis Siebengebirge und Linz. Außerdem Sonderfahrten. Ein besonderes Erlebnis ist die **Große Kölner Hafenrundfahrt** (Mai–Sept. Mo–Fr 14 Uhr, März, April, Okt.–Mitte Dez. Fr, So 14, in den NRW-Sommerferien auch So 11.15, 15.15 Uhr, 18,50 €, Dauer 3 Std.).
Rheinfähre Strolch: 🕮 Karte 2, F 5, Hohenzollernbrücke, T 0221 38 47 38. Personenfähre zwischen Konrad-Adenauer-Ufer und Messe Deutz, Fahrten bei Messen und zur Oper sowie abhängig von der Nachfrage.

Rundfahrten und Führungen

Cologne Coach Service: T 0221 979 25 70, www.ccs-busreisen.de. Eineinhalbstündige Stadtrundfahrten mit Fremdenführer, tgl. 10, 12, 14 Uhr, April–Okt. Fr/Sa zusätzlich 16 Uhr, 12 €. Abfahrt neben KölnTourismus (🕮 Karte 2, E 5), . Außerdem ›Tourist Shuttle Hop on Hop off‹ mit Möglichkeit der Fahrtunterbrechung, bei schönem Wetter im Cabriobus, Mi–So 10.30–15.30 Uhr, Tagesticket 15 €.
inside Cologne – City Tours: T 0221 52 19 77, www.insidecologne.de. Führungen zu historischen u. kölschen Themen.
Kölner Frauengeschichtsverein: T 0221 24 82 65, www.frauengeschichtsverein.de. Ob Hexenverfolgung oder Frauenzünfte des späten Mittelalters, auch Männer können hier Wissenswertes über das Leben von Frauen erfahren.
KölnTourismus: Kardinal-Höffner-Platz 1, T 0221 346 43-0, www.koelntourismus.de, Mo–Sa 9–20, So 10–17 Uhr. Öffentliche und individuelle Führungen, barrierefreie Führungen, Citysafari für Smartphone-Besitzer.
RegioColonia: T 0221 965 45 95, www.regiocolonia.de. Ausflüge zu Kultur- und Naturerlebnissen in Köln und dem Kölner Umland.
Rikscha-Fahrten: U. a. Perpedalo (T 0157 88 47 72 01, www.perpedalo.de) oder Rikolonia (T 0221 20 43 20 99, www.rikolonia.de). Standort u. a. in Domnähe, 30 Min. ab ca. 32 € für 2 Pers. Ganz entspannt Köln auf drei Rädern erleben.
Segway-Touren: U. a. Gleitzeit (T 0221 989 33 44, www.gleitzeitgmbh.de) oder Seg Tour Köln (T 0221 27 26 05 97, www.seg-tour-koeln.de). Nach einer Einweisung kann man auf verschiedenen geführten Touren durch die Stadt rollen.
StattReisen Köln: T 0221 732 51 13, www.stattreisen-koeln.de. Die Führungen, auch zu den weniger bekannten Ecken Kölns, vermitteln vor allem Einblicke in kulturelle, politische, wirtschaftliche und soziale Aspekte der Stadtentwicklung.
Verein Kölner Stadtführer: T 0221 36 29 14, http://koelner-stadtfuehrer.de. Führungen zu historischen und kulturellen Themen – von Kölner Heilige bis Karneval –, teils auch in kölscher Mundart und in historischen Kostümen.
Wolters Bimmelbahnen: T 0221 709 99 70, www.bimmelbahnen.de, tgl. ca. 10–18 Uhr. Kommentierte Fahrten mit Schoko- und Zoo-Express zwischen Dom/KölnTourismus und dem Schokoladenmuseum bzw. dem Zoo (einfache Fahrt 4 €, Rundfahrt 7 €).

O-Ton Köln

Et kütt wie et kütt

Es kommt, wie es kommt.
eine der zwölf Regeln des Kölner Grundgesetzes

fringsen

nicht legal erwerben
Als Kardinal Frings im Winter 1946 den Kohlenraub aus Not billigte, war das Wort geboren.

ALAAF!

Der Narrenruf bedeutet ›Lebe hoch!‹. Bloß nicht Helau rufen!

Zoch

Zug
Kostümumzug

Dringste eine met?

Trinkst du einen mit?
Der Kölner ist kommunikativ und gibt an der Theke – auch Wildfremden – ein Bier aus.

WIE ES ET? JOOT!

Wie geht es? Gut!
typische Begrüßungsfloskeln

KÖLLE DU BES E JEFÖHL

Köln ist mehr als eine Stadt, es ist ein Gefühl.

Kamelle, Strüßjer!

Bonbons, Sträußchen!
Mit diesem Schlachtruf fordern die Jecken bei den Karnevalsumzügen ihren Obulus ein.

Tschö!

Tschüss!
Entstand aus dem Französischen ›adieu‹.

Bützje

Küsschen
Wangenkuss der freundschaftlichen Art, bekommen selbst Polizisten beim Karnevalszug.

Köbes, e Kölsch un ne halve Hahn!

Bedienung, bitte ein Kölsch und ein Käsebrötchen!

Das Klima im Blick

Reisen bereichert und verbindet Menschen und Kulturen. Wer reist, erzeugt auch CO_2. Der Flugverkehr trägt mit bis zu 10 % zur globalen Erwärmung bei. Wer das Klima schützen will, sollte sich – wenn möglich – für eine schonendere Reiseform entscheiden oder die Projekte von atmosfair unterstützen. Flugpassagiere spenden einen kilometerabhängigen Beitrag für die von ihnen verursachten Emissionen und finanzieren damit Projekte in Entwicklungsländern, die dort den Ausstoß von Klimagasen verringern helfen (www.atmosfair.de). Auch die Mitarbeiter des DuMont Reiseverlags fliegen mit atmosfair!

Abbildungsnachweis

Marianne Bongartz, Köln: S. 4 o./u., 5, 8/9, 14/15, 30, 34, 35, 45, 48, 53, 61, 63 u., 67, 68, 71, 78/79, 98, 101, 104, 120/2, 120/6
Fotolia, New York (USA): S. 54 (Gärtner)
Getty Images, München: S. 52 (Westend61); 38 (Westend61/Tepass)
Glow Images, München: S. 120/4 (Falkenstein)
Stephanie Henseler, Köln: S. 31, 37, 46, 49, 56
Huber-Images, Garmisch-Partenkirchen: S. 7 (Bäck)
iStockphoto, Calgary (Kanada): S. 65 (Gerlach); 23 (Meinzahn)
laif, Köln: S. 24, 29, 109 (Barth); 75, 112 (Gollhardt/Wieland); 74 (Haenel); 90 (Hollandse Hoogte); 106 (Jung); 85 (Kruell); 43 o., 50 (Linke); 43 u. (Ogando); 60, 86 (Schoene); 63 o., 89, 93 (Siemers); 102 (Specht); 59 u., 96 (Zanettini)
Look, München: S. 20 (Lubenow)
Mauritius Images, Mittenwald: Titelbild (Bäck); S. 111 (Dunn/Alamy); 57 (Hackenberg/Alamy); 76 (Lukasseck); 16/17 (Schiefer/Alamy); 70 (Schöfmann/imageBROKER); 40 (SuperStock/Fine Art Images); 73, 95 (Travel Collection); 59 o. (United Archives)
picture-alliance, Frankfurt a. M.: S. 120/3 (akg); 120/1 (Baumgarten); 120/3 (Breuel-Bild); 120/7 (Fotostand/Beckers); 120/5 (UPI); 120/8 (von der Laage); 83 (Westend61)
Schapowalow, Hamburg: S. 25, 27, 42, 80 (SIME/Croppi); 12/13 (SIME/Rellini)
Alle Zeichnungen: Gerald Konopik, Fürstenfeldbruck

Kartografie

DuMont Reisekartografie, Fürstenfeldbruck

Titelbild: Gotik trifft auf Architektur des 21. Jh. – der Kölner Dom und die Kranhäuser im Rheinauhafen

Hinweis: Autorin und Verlag haben alle Informationen mit größtmöglicher Sorgfalt geprüft. Gleichwohl sind Fehler nicht vollständig auszuschließen. Alle Angaben erfolgen ohne Gewähr. Bitte schreiben Sie uns! Über Ihre Rückmeldung zum Buch und Verbesserungsvorschläge freuen sich Autorin und Verlag:

DuMont Reiseverlag, Postfach 3151, 73751 Ostfildern,
info@dumontreise.de, www.dumontreise.de

FSC
MIX
Papier
FSC® C018236

1. Auflage 2017

Autorin: Marianne Bongartz (mit Beiträgen von Stephanie Henseler)
Grafisches Konzept: Eggers+Diaper, Potsdam
Printed in Poland

Kennen Sie die?

Heinrich Böll
Er ist ein Junge aus der Südstadt. Der linksintellektuelle Autor hielt der Gesellschaft den Spiegel vor und wurde dafür 1972 mit dem Nobelpreis für Literatur geehrt.

Hänneschen
Vor mehr als 200 Jahren betrat sein Urahn die Bühne, er selbst wirbelt seit den 1950er-Jahren über der ›Britz‹ und unterhält zusammen mit seiner Knollendorfer Sippschaft mit Schwänken im Dialekt.

Carolin Kebekus
Mit »Pussy Terror« hat sie ihre eigene TV-Show bekommen und setzt die Reihe starker weiblicher Comedians aus der Domstadt fort. Die Kölnerin ist halt nicht auf den Mund gefallen.

Die Maus
Sie kommt so dynamisch und spitzbübisch wie eh und je daher, obwohl sie seit über 40 Jahren Kindern und Erwachsenen die Welt erklärt. Ihr Mauseloch liegt irgendwo in den Kölner Studios des WDR.

Konrad Adenauer
Der ehemalige Oberbürgermeister hat mit der Anlage der Grüngürtel und der Messe in Deutz deutliche Akzente im Stadtbild gesetzt. Mit Deutz hatte er aber sonst wenig im Sinn, dort begann für ihn der Bolschewismus.

Marianne Bongartz
Für meine Bücher ›muss‹ ich natürlich auch an Karneval auf Recherche gehen. Flott die Perücke aufgesetzt und schon kann's losgehen.

Peter Brings
Er und seine Band haben den Kölschrock in die Karnevalssäle gebracht. Manch altem Traditionalisten sträuben sich die Haare, die Jugend liebt die Jungs.

Hennes
Der Geißbock ist das Maskottchen des 1. FC Köln und fehlt bei keinem Spiel. Dabei kann er nur eins: Meckern!

Agrippina
Sie erblickte 15. n. Chr. am Rhein das Licht der Welt und bewirkte, dass ihre Geburtsstadt zur römischen Kolonie erhoben wurde.